让课堂说话 3

朱煜古诗文教学策略与实践

朱煜——著

华东师范大学出版社
ECNUP
全国百佳图书出版单位

大夏书系·语文之道

图书在版编目（CIP）数据

让课堂说话.3，朱煜古诗文教学策略与实践／朱煜著.—上海：
华东师范大学出版社，2019
ISBN 978-7-5675-8800-4

Ⅰ.①让 ... Ⅱ.①朱 ... Ⅲ.①古典诗歌—中国—教学研究—小学 ②文言文—教学研究—小学 Ⅳ.① G623.202

中国版本图书馆 CIP 数据核字（2019）第 023621 号

大夏书系·语文之道

让课堂说话3
——朱煜古诗文教学策略与实践

著　　者　朱　煜
策划编辑　朱永通
审读编辑　万丽丽
封面设计　奇文云海·设计顾问

出版发行　华东师范大学出版社
社　　址　上海市中山北路 3663 号　邮编　200062
网　　址　www.ecnupress.com.cn
电　　话　021-60821666　行政传真　021-62572105
客服电话　021-62865537
邮购电话　021-62869887　地址　上海市中山北路 3663 号华东师范大学校内先锋路口
网　　店　http：//hdsdcbs.tmall.com/

印 刷 者　北京密兴印刷有限公司
开　　本　700×1000　16 开
插　　页　1
印　　张　13.5
字　　数　188 千字
版　　次　2019 年 3 月第一版
印　　次　2022 年 1 月第四次
印　　数　11 101-14 100
书　　号　ISBN 978-7-5675-8800-4/G·11831
定　　价　45.00 元

出 版 人　王　焰

目 录
Contents

代序:
与同行书

徐老师:

　　您好!

　　谢谢您的信任,素昧平生,只是听了我一次讲座,就发来信息与我交流工作中的困惑。您带领班级里的孩子练字、背古诗,都是对孩子一生有益的事情。从您发来的家长留言以及孩子们的作业卷面看,您的辛勤付出已经有了收获,在这种情况下,即便有困难也切莫轻言放弃。

　　对待困难最好的策略是"战略上藐视它,战术上重视它"。从您的来信看,部分家长反对您的改革,主要是因为孩子的考试成绩不理想。其实几乎所有的教学改革都可能遇到这个问题,新式教法与旧式评价不匹配,产生矛盾是正常的。如何破解,且听我一一道来。

　　首先,我不赞同在小学里使用"国学"的概念。这个概念的外延和内涵在专业领域中还没有被真正厘清。我们带着小学生读一些古诗文就是读古诗文,不必去套一个大而无当的题目。那么读哪些古诗文呢?诗歌当然首选唐诗,如果不会选,直接用《唐诗三百首》(金性尧注)。另外您还可以从金性尧先生选注的《宋诗三百首》《明诗三百首》中选一些合适的篇目给学生读。古文部分,建议您选择先秦寓言和明清小品给学生读。您还可以从钟叔河先生编的《念楼学短》中选一些篇目。前人留下的好的古诗文读本不少,您拿来用就行。一些蒙学读物,我不建议您去多花时间。至于经书,更不要去碰。原因我在《读经与读经典》一文中写了,您有兴趣的话可以找来看。

　　怎样带着学生读古诗文呢?很简单——与学生一起读读背背。背之前要有适当的讲解，通过您的讲解，学生对古诗文有了兴趣，这就拉近了学生与古人的距离。在理解内容的同时让学生知道一些简单的诗法文法，以达到教学一篇自读一类的目的。您得妥善处理好时间分配问题，哪些时间用来教教材，哪些时间用来教课外的古诗文，如何循序渐进地教，要有一个通盘的计划。

带着学生读古诗文又不是一件简单的事。在积累古代优秀语言，了解传统文化的同时，还要培养学生的现代观念。读古人而不泥古。还记得讲座中我反复强调的"要把学生教聪明"吗？如果教师不钻研教法，一味死教，只能把孩子教笨。您得经常钻研教材教法，提升教学效率，那样您就能有更多的时间用于课外阅读的指导。有些语文老师弃教材不顾，认为只要做好课外阅读就行，这是错误的。课文都不会教，恐怕也教不好课外资料，这是我听了很多课后得到的体会。不管是课内还是课外的内容，您都应该关注基础知识能力的夯实，良好学习习惯的养成，多元思维方式的培养。另外，您最好再定期研究一下现行考试的评价方式，掌握命题者的大致思路，以便让学生较顺利地通过测试。这样就能最大限度地减少旧的评价方式对新的教学方式的干扰。您的困扰也就得以解决了。

教育教学离不开学校与家庭的配合，一个职业化的教师一定会将家长视为教育教学的资源和重要的辅助力量。所以，一项教学改革开始之初，最好与家长说明白，让家长都清楚您的改革实践为的是孩子的成长，这样就能得到最大程度的支持。改革过程中，会有一些学生不适应，出各种状况，那就更要及时与家长沟通。现在的家长可以从很多途径获得信息，当见到自己的孩子跟不上班级的节奏，或者学业退步，内心便会涌动起复杂的情绪。情绪总要有纾解的通道，善意的沟通就是最好的通道，不及时沟通就有可能将这些家长推到自己的对立面。学生各不相同，家长更是不同，见识有高低，能力有强弱，所以"因材施教"至关重要。即使得不到家长的支持，也不要把家长当作"敌人"或者变成"敌人"。

徐老师，您想为学生的未来做点事情，让他们对传统文化有所了解，这是一份大功德。一件好事得想办法做好。您需要把课内和课外的学习内容整合起来，因为表面上它们好像是不同的，但如果反映到能力上，它们是一致的。我还是那句话，一旦学生的能力提升了，变聪明了，即便应试，效果也会更好。好的教学改革不会不关注学生的能力发展的。您需要将学校和家庭的力量整合起来，一方面争取学校的支持，另一方面争取家长的理解，一旦形成合力，即便有个别家长还不满意，也没有关系。我坚信，只要每个孩子的综合能力在原有基础上不断进步，家长的问题就会迎刃而解。而且我相信，当下有见识的家长是越来越多了。总之，进行一项改革时，遇到各种困难是正常的，千万不要把各种因素对立起来，千万不要用简单的非此即彼的方式看问题。

徐老师，写下这些话，很容易。真的做起来，一定会遇到不少困难。但我以为只要内心坚定点，想得周到点，做得细致点，所有问题都能得到妥善解决。因为您在做一件大好事。

如果有机会，很愿意到您的教室里看看孩子们的进步。如果您愿意，我可以为贵班孩子上古诗文课，并邀请家长一起来听。

期待您的好消息。

专颂

教安

朱　煜

2016 年 7 月 11 日

上编　如是我思

小学生要学习一点古诗文

2011 年版《语文课程标准》中提到，低年级学生需要"诵读儿歌、儿童诗和浅近的古诗，展开想象，获得初步的情感体验，感受语言的优美"。中年级学生需要"诵读优秀诗文，注意在诵读过程中体验情感，展开想象，领悟诗文大意"。而高年级学生需要"诵读优秀诗文，注意通过语调、韵律、节奏等体味作品的内容和情感"。

这些要求对小学中的古诗文教学目标界定得很清晰了。教师带着孩子们读点古诗文不是可有可无的，不是随性而为的，它是语文教学的一个重要内容，需要有教学计划，有教学内容，有教学步骤，有教学评价等。不论是教学课本内的古诗文，还是课外的古诗文，都应该从课程的角度思考才好。

让学生成为文化意义上的中国人

说到中国人，首先想到的是黄皮肤、黑头发、黑眼睛。不过这只是中国人的外貌特征。我觉得区别一个人是此国人而非彼国人，更重要的标准是看他（她）的思维方式、行为方式、价值观念等是否与某国文化相符。出生、成长于西方国家的华裔，虽然外貌上与中国人无异，但是从文化角度看，绝对是外国人。所以当年不少人惊讶于新上任的美国驻华大使骆家辉先生不坐飞机头等舱，自己买星巴克咖啡时，大概都疏忽了一点——骆大使是真真切切的美国人，用美国的价值观思考、行事。其实，就算是外貌，仔细体味的话，也会发觉成长于西方的华裔与中国人有着很细微的不同。因为外貌背后有气质，决定气质的是文化。

中国传统文化主要由儒、释、道三家学说构成，三家各有观点、学问，也有交叉，互相渗透影响。儒、释、道三家中影响力最大的自然是儒家学说。儒家学说讲究提升自己的道德，讲求人格修养，最终实现"内圣"。要达到这个目标就要寻师访友，勤奋学习。这方面的论述古人写得极多，也很适合传授给小学生。比如"万事皆易满足，唯读书终身无尽"，言简意赅地道出了中国人的读书观。曾国藩的教子书中关于学习的重要以及学习方法的论述极为精彩。他说——

> 读书之法，看、读、写、作四者，每日不可缺一。看者，如尔去年看《史记》《汉书》《韩文》《近思录》，今年看《周易折中》之类是也。读者，如《四书》《诗》《书》《易经》《左传》诸经、《昭明文选》、李杜韩苏之诗、韩欧曾王之文，非高声朗诵则不能得其雄伟之概，非密咏恬吟则不能探其深远之韵。譬之富家居积，看书则在外贸易，获利三倍者也；读书则在家慎守，不轻花费者也。譬之兵家战争，看书则攻城略地，开拓土宇者也；读书则深沟坚垒，得地能守者也。看书与子夏之"日知所亡"相近，读书与"无忘所能"相近，二者不可偏废。

读书做人，自古以来，两者就不可分。曾国藩接着说——

> 至于作人之道，圣贤千言万语，大抵不外敬恕二字。"仲弓问仁"一章，言敬恕最为亲切。自此以外，如"立则见参于前也，在舆则见其倚于衡也"，"君子无众寡，无小大，无敢慢"，斯为泰而不骄；正其衣冠，俨然人望而畏，斯为威而不猛。是皆言敬之最好下手者。孔言"欲立立人，欲达达人"；孟言"行有不得，反求诸己"，"以仁存心，以礼存心"，"有终身之忧，无一朝之患"。是皆言恕之最好下手者。尔心境明白，于恕字或易著功，敬字则宜勉强行之。此立德之基，不可不谨。

我们自然不必让小学生照着曾国藩的书单去读书，但经常诵读这样的文字，好处自不待言。

生活中当然不能只有苦读，古人还创造出各种闲适文化，将生活与艺术完美地结合在一起。明人陈继儒的《小窗幽记》中写道："空山听雨是人生如意事。听雨必于空山破寺中，寒雨围炉，可以烧败叶，烹鲜笋。"从这些句子中能感受到古人独特的审美体验。寒雨淅淅沥沥，空山破寺之中听着噼噼啪啪燃烧败叶的声响，闻着鲜笋的香气，何等惬意！这不是诗，但有诗的意境，有画面感。读这样的句子，能获得多元的体悟。

如果说"空山听雨"是柔性的，那么在古诗文中也有刚性的句子。比如《呻吟语》中写道："庙堂之上言理，则天子不得以势相夺。即相夺焉，而理则常伸于天下万世。"在封建时代，皇权森严，文章不能乱写，话不可以乱说。即便如此，总还是有一些有血性的知识分子能大胆说话。古人说得多好："即相夺焉，而理则常伸于天下万世。"这是读书人的胸襟、读书人的豪迈。这不正是当下所需要的吗？每天清晨，带着学生高声诵读这样的句子，必定会对孩子的一生产生重要影响。今天积累一句，明天积累一句，聚沙成塔，孩子的思维、观念就会受到影响。幼时浸润在优秀传统文化中，长大成人后就能成为文化意义上的中国人。

以上述说只是文化这个大题目下极小的三个点，择要述之，为读者提供几个思考的路径而已。如果教师有了较多的古诗文教学实践，对此自会有更多有价值的心得。

教师推荐一些古诗文作品给学生读，使其在潜移默化中继承优秀传统文化，当然同时也要警惕传统文化中的糟粕。何谓糟粕？与现代文明、普世价值相背离者，即是。

让学生习得优美的汉语

有一次读报时偶然看到一个标题，写的是"金融风暴来　贸易保护起"。读了两遍，总觉得别扭。仔细一看，找到了原因——平仄不谐。"来"是平声字，"起"是仄声字。如果将两个字调换一下，写成"金融风暴起　贸易保护来"，读起来就顺口多了。如果编辑学过一点平仄知识，就能把题目起得更妥帖一些。

小学生正处于学习语言的最佳时期，学一点古诗文，借此了解一些汉语的特点，感受汉语的优美，至关重要。我很喜欢明人张岱的《湖心亭看雪》：

> ……湖上影子，惟长堤一痕，湖心亭一点，与余舟一芥，舟中人两三粒而已。
>
> 到亭上，有两人铺毡对坐，一童子烧酒炉正沸。见余，大喜曰："湖中焉得更有此人！"拉余同饮。余强饮三大白而别。问其姓氏，是金陵人，客此。及下船，舟子喃喃曰："莫说相公痴，更有痴似相公者！"

不说别的，就说那些别致的数量词，也是值得反复玩味的。长堤为什么是"一痕"？因为堤上有积雪，有的地方被盖住，有的地方没有被盖住，露出一点堤岸的痕迹。湖心亭的"一点"，小舟的"一芥"，舟中人的"两三粒"一下子将天地白茫茫一片的悠远写得淋漓尽致。这样的文字美丽极了！

鲁迅先生从小受旧式教育，他的文学语言是深受传统优秀汉语的影响的。在他的小说《在酒楼上》有这样一个句子："几株老梅竟斗雪开着满树的繁花，仿佛毫不以深冬为意。""老梅"居然还可以"斗雪"，"几株"却让人看到了"繁花"。简简单单的几个字读起来却有大开大合的气象。"不以深冬为意"一句，也是简洁隽永，充满语言的张力，启人遐思。如果用白话文的方式改写，质量上绝无可能胜出。

现在日常生活工作中已不需要写文言文，可是，要写出好的白话文，一定得从文言文中汲取营养。这是无论如何绕不过去的。掌握了阅读文言文的能力，除了能提升语言修养，还能从几千年来浩如烟海的文献中获得文化、历史等诸多方面的信息、滋养，更了解自己的祖先，更清晰地看待未来。

今人也有喜欢写文言的，也有写得好的。2008 年有人将奥巴马当选美国总统后的演讲翻译成浅近的文言，在网上传播。与白话文对照起来读，别有一番气韵在焉。选摘如下：

芝城父老，别来无恙。

余尝闻世人有疑，不知当今美利坚凡事皆可成就耶？开国先贤之志方岿然于世耶？民主之伟力不减于昔年耶？凡存诸疑者，今夕当可释然。

今夕之释然，皆蒙美利坚民众之协力——学塾祠庙之外，市井乡野之间，万千父老心焦似焚，苦待竟日，愿献一票之力。其中，平生未尝涉国事者，数亦不少，而今有此义举，皆因一念不衰——今夫天下，非同既往，愿发吁天之声，必成动地之势。

今夕之释然，皆仰吾国同胞之齐心——何谈贫富老幼之差、党社宗族之异，惶论发肤肌体之别、志趣爱恶之分。吾国既以"合众"为名，吾辈则更无疏离之意，红蓝二党并肩而立，数十邦州挽手相合，无分你我，共称一家，昂然于世，齐声一呼，天下乃有此释然。

今夕之释然，皆因愤懑者之镇静，忧惧者之勇气，犹疑者之笃定——平素世间种种，消磨其志向，溃灭其梦想，而值此风云之际，除旧更新，当仁不让，倾力而动乾坤者，更何人哉！

俟之诚久，其志弥坚。幸天地明察，乃有今日，乃有此刻，乃有此一选举，乃有我亿万美利坚大好国民——吾邦之大变革，方得自兹而始也！

……

白话文终究还年轻，在音韵、修辞、语言的表现力和情感色彩等诸多方面需要向文言文学习。当语言抛开粗鄙，走向文雅时，国民才能真正文明起来。

让学生感悟情感，提升想象力

任何一种文艺作品都要表达作者的思想情感。小说、散文、戏剧的作者往往把自己的情感投注在人物的刻画和生活事件的描绘中。诗歌也描摹生活情景，但更多的是塑造形象，直接抒发自己的情感，对人物、事件进行褒贬，表达自己的爱憎，这是与其他文艺作品不一样的地方。

先说说文。范仲淹的《岳阳楼记》是一篇脍炙人口的千古名文。作者写文章时没有到过洞庭湖，凭着想象，以及对人生的体验，对友人的情感，尽情抒写。

……

若夫淫雨霏霏，连月不开，阴风怒号，浊浪排空；日星隐曜，山岳潜形；商旅不行，樯倾楫摧；薄暮冥冥，虎啸猿啼。登斯楼也，则有去国怀乡，忧谗畏讥，满目萧然，感极而悲者矣。

至若春和景明，波澜不惊，上下天光，一碧万顷；沙鸥翔集，锦鳞游泳，岸芷汀兰，郁郁青青。而或长烟一空，皓月千里，浮光跃金，静影沉璧，渔歌互答，此乐何极！登斯楼也，则有心旷神怡，宠辱皆忘，把酒临风，其喜洋洋者矣。

……

两个小节，一明一暗，一悲一喜，写景与抒情交融一体，道出了作者豁达的胸襟，坚定的信念。引导学生想象文中描绘的景色，体察作者的情感，一定能让学生的心灵世界更加丰富充实。而且节奏鲜明的句式，一唱三叹，抑扬顿挫，诵读起来会有一种特殊的韵律美，这对培养学生的审美能力极有好处。

再说说诗。好的诗歌往往具有极高的诗品，极美的诗境，极浓的诗情。诗人见识不凡，胸中有丘壑，世间万物都能化出格调品性。诗人技艺娴熟，善用词句，将情感融于景物人物形象之中，达到物我相融、物我两忘之境。如果没有诗情，诗品诗境皆无从谈起。诗歌要表达强烈的情感，就离不开想象。借助丰富的想象，情感才能长上翅膀，自由翱翔，才能充分地形象地抒发出来。如果作者对客观事物缺乏想象，就写不出好诗。所以在诗歌中，我们经常能发现诗人会为自己的思想情感和所描绘的事物寻找贴切的比喻，运用夸张、拟人等修辞手法，使描写的事物形象化、具体化，让读者鲜明地感受到。

比如白居易《琵琶行》中描写琵琶女弹琵琶的那段：

......

大弦嘈嘈如急雨，小弦切切如私语。

嘈嘈切切错杂弹，大珠小珠落玉盘。

间关莺语花底滑，幽咽泉流冰下难。

冰泉冷涩弦凝绝，凝绝不通声暂歇。

别有幽愁暗恨生，此时无声胜有声。

银瓶乍破水浆迸，铁骑突出刀枪鸣。

曲终收拨当心画，四弦一声如裂帛。

......

琵琶乐曲的声音无形无色，诗人通过巧妙的比喻将其与人们熟悉的事物连接起来，唤起读者的听觉经验和丰富想象，从而感受到乐曲的无穷魅力。急雨声、私语声、珠落玉盘声、冰下泉水声、银瓶崩裂声、铁骑突奔声等等，这些声响时而雄壮，时而婉转，时而急促，时而幽缓，乐曲进入高潮部分，突然戛然而止，如同裂帛。这些比喻生动地刻画出演奏者高超的演奏技巧，同时还能让人感受到演奏者复杂的内心世界。引导学生阅读这样的诗歌，因为孩子善于想象，乐于想象，所以稍加点拨，他们就能读进去，读出自己的感受，读出乐趣。

学前和小学阶段是读背古诗文最好的时期。老师、家长千万不要错过这段光阴，挑选合适的材料，每天花几分钟与孩子共读，只需数年，便可为孩子精神家园的建立打下坚实基础。

在小学生与古诗间搭一座桥

　　中国是一个诗歌的国度，也是一个重视诗教的国度。《诗大序》中说："厚人伦、美教化、移风俗，莫近于诗。"这是从用诗歌管理国家，教化社会的角度来说的。可见先秦时期人们对诗教的重视。古人认为诗可以观，即通过诗歌体察民情、了解民意；诗可以怨，即通过诗歌让百姓发泄不满、平复心情；诗可以兴，即通过诗歌移情兴发，涵养性情；诗可以群，即通过诗歌促进人与人之间的融洽，使人温柔敦厚。可见，古人认为的诗教不是简单地把诗歌作为教学对象，更多的是将诗教目标指向人的精神世界的完善。所以我们在体会"不学诗无以言"时，就不能简单地从掌握表达能力的角度去理解。由此，我们也就明了了诗歌教学的终极目标。

　　有了目标，具体如何教呢？古人也有很好的经验。比如《唐诗三百首》的编者蘅塘退士写道："因专就唐诗中脍炙人口之作，择其尤要者，每体得数十首，共三百余首，录成一编，为家塾课本。"在"脍炙人口之作"中选择更重要的，这就保证了入选作品的普世性。"每体得数十首"则保证了初学者对诗歌的形式有全面的了解。"为家塾课本"指明了此书的适用范围。用现在的话说，这几乎就是在交代教材的编写原则。

　　再看鲁迅的祖父在教孙辈读诗时所讲的话："初学先诵白居易诗，取其明白易晓，味淡而隽永。再诵陆游诗，志高诗壮，且多越事。再诵苏诗，笔力雄健，词足达意。再诵李白诗，思致清逸，如杜之艰深，韩之奇崛，不能学亦不必学也。"鲁迅的祖父完全站在儿童的角度谈论诗歌学习。先读一眼就能看懂的，而隽永的意味又可在看懂之后慢慢回味。再读陆游的诗作，因为诗中"多越事"，可以让鲁迅弟兄们了解绍兴乡土知识，同时"志高诗壮"也是符合少年的精神状态的。有了这些基础，再去感受苏轼的雄健，李白的清逸，就方便了。最有意思的是，老先生特别指示哪些诗不必读。到底可读还是不可读暂且不论，只说这番思考，就是很难得了。过去一直说古代儿童教育如何违背儿童的天性，现在看来，也不尽然。每个时代的教育都有新与旧，好与坏。

了解了一些古人的做法，当下应该如何教学古诗呢？主要从以下几个方面来谈。

第一，关联生活，激发兴趣。

小学生学任何东西，激发其兴趣永远是第一位的。如何激发其学习古诗的兴趣呢？我想，当学生发现古诗与自己的日常生活可以相关联，在生活中用得上，当自己的某种感受可以用一句古诗来表达，此时兴趣自然会产生。所以在教学中，执教者最好根据学生的实际情况和古诗的内容，合理地使用视频、图片等，运用读写结合、口语交际等方式，让学生运用古诗描述自己的生活场景或者情绪。

宋人程颢的《春日偶成》通俗易懂："云淡风轻近午天，傍花随柳过前川。时人不识余心乐，将谓偷闲学少年。"一位教师这样教：

师：热情的春姑娘向大家发出了这么多邀请，连严谨的学者程颢都觉得盛情难却了，你知道他在春天干什么了吗？用你们喜欢的方式读读这首诗，说说看。

（生各自读，然后汇报，引出郊游。）

师：再请大家仔细读读，联系上下文或查查工具书，你们能把意思读懂吗？

（生边读边查边思考）

师：现在你们就是程颢了，有几个问题问问大家。（1）你什么时候出门的，当时天气怎样？

生：（联系诗句）中午出门，天气晴朗。

师：（2）一路上，你看到了什么？听到了什么？

生：淡云、轻风、午天、鲜花、垂柳、前川。

师：这些在诗中写到了，还有没写到的吗？

生：还有鸣叫的小鸟，游玩的小鱼，飞舞的蝴蝶……

师：一定很美吧？给大家描绘一下好吗？

（生纷纷描绘）

师：这么美的景致，你能用自己熟悉的成语来描绘吗？

生：春光明媚、姹紫嫣红。

生：风和日丽、莺歌燕舞、草长莺飞。

师：真美，把诗句再读一读，读出自己对春天美景的感受。

（生各自练读后当众朗读）

师：欣赏到这么美的景致，你高兴吗？试着把你高兴的感觉读出来。

（生再读）

师：天气这么好，景致如此美，一路上你会做些什么？

生：我编了个柳条帽子戴。

生：我欣赏花朵上的蝴蝶了。

生：我在河边逗小鱼和蝌蚪玩。

师：你们真有意思，地里劳动的庄稼人、河边洗衣的姑娘们在议论你呢！听到他们说什么了？

生：说我返老还童了。

生：说我像个孩子，在偷闲玩耍呢。

……

执教者创设情境，引导学生把自己当成作者，设计了巧妙的提问和导语，让学生通过交流自然而然地理解诗句的意思。这样，古诗与孩子的关联度就更高了。整个教学过程轻松自然，学生完全沉浸其中。整个教学过程很开放，学生的思维十分活跃，不断调动起自己的生活经验，加深了对古诗的理解，课堂充满张力和活力。

第二，诵读吟唱，略授诗法。

朱自清先生说："古文和旧诗、词等都不是自然的语言，非看不能知道它们的意义，非吟不能体会它们的口气——不像白话诗文有时只听人家读或说就能了。"可惜即便是在朱先生生活的年代，吟诵也已经被视为落伍的事物。朱先生说"青年国文教师都不敢在教室里吟诵古文，怕人笑话"。其实，吟诵本是中国古人传统的诵读方式，也是重要的学习方法。古人写诗，大都因为有所见有所闻有所感，情动于中，兴致勃发，然后浅吟低唱，吟到满意了，再写下来。所以用吟诵的方式学习古诗，是符合古诗特点的。一地有一地的民间小调，于是便生发出不一样的吟诵调。同一种调门不同的人来吟，或者同一个人在不同的心境下吟，都会产生细微的不同。由此可给人带来丰富多样的审美体验。过去，吟诵的传授基本上靠师生间、家族长辈小辈间口耳相传，所以当取代私塾的新式学堂中取消了吟诵，吟诵在短短几十年间便迅速濒临失传。不过近些年，在北京徐健顺先生等一批热爱吟诵的有识之士的发掘、整理、宣传、培训下，用吟诵体会诗情诗意，感受汉语独特的音韵之美，已被越来越多的教师接受。大量关于吟诵的文献、书籍、视频、音频资料纷纷面世，有兴趣的读者可以通过各种渠道很方便地得到相关信息，此处对吟诵的意义、作用、方法等不再赘述。唯一想说的是，在普通话吟诵和方言吟诵之间，我更喜欢方言吟诵。因为方言（特别是南方方言）中保留了普通话里已经消失的入声字，所以方言吟诵能在比较自然的状况下将古诗文的音律美充分彰显出来。吟诵本不是表演，它是很私人化的，应该充满了民间的乡野气息，不必字正腔圆，不必套用西皮二黄这样的戏曲曲调中规中矩地演唱，更不能弄成小组唱，甚至大合唱，那样，吟诵就失去了其本质特点。因此，如果教学古诗文时要使用吟诵，最好用方言吟诵。让学生了解，吟诵有助于理解诗意，同时激发其学习兴趣。在班级授课制的形式下，学生重在多多倾听教师的吟诵，并努力体悟音律与诗意间的关联。如果有学生愿意学，也宜在课后个别传授。一个班级五六十个孩子大声共吟一首诗，无异于合唱，个性化的诗歌理解便无从谈起。如果教师不会吟诵，也无大碍，只要指导学生依照格律，两字一停顿，平长仄短（第二、四、六位置上的平声字读长，仄声字读短）地读，也可以的。读，在古诗教学中极为重要。教师引导学生读诗时，指导一定要有层次。每一次读，都应该有不同的要求，而不是停留在同一个平面上。必要时，教师还可以借助各种媒体，创设情境，让读的环节变得有趣味，不单调。

小学生接触的古诗以浅显的写景状物诗居多。有的是情景交融，比如杜甫的《绝句》："迟日江山丽，春风花草香。泥融飞燕子，沙暖睡鸳鸯。"作者将春天的美景描绘得细腻柔和，同时又通过"香"字表达出了自己的感受。有的是动静交错，比如王维的《鸟鸣涧》："人闲桂花落，夜静春山空。月出惊山鸟，时鸣春涧中。"夜深人静，桂花飘落，是静中见动。惊鸟鸣叫，显出山谷之静，是动中见静。有的是色彩绚丽，比如杜甫的"两个黄鹂鸣翠柳，一行白鹭上青天"，两句话中有四种颜色，由点到线，向无限的空间伸展开去，写出了诗人开阔的心境。有的是构成一幅别致的画面，画面或是由远到近，或是由高到低，或是形成透视关系，或是暗含不同视角。诸如此类的诗歌（包括其他类别的诗歌）作法，不胜枚举。教师在备课时先读懂这些古诗作法，确定好教学点，然后设计相应的教学步骤，引导学生了解诗人的用意，从而学会一些简单的读诗之法。如此，让教法变成学法，学生在课堂里学会一首诗，以后在课外就能读懂相似的一类诗。

一位老师教陆游的《游山西村》，我将其教学案例摘录如下：

师：第一、二句的大意是什么？

生：村民给客人准备了丰盛的饭食。

师：这首诗表现了什么？

生：表现了村民的热情和朴实。

师：客人是谁？

生：是诗人。

师：还可能有谁？

生：也许还有他的游伴，以及主人请来的陪客。

师：这首诗起势突兀，乍看似与游览无关，要读到最后才能懂得诗人的用意。上句是抑，说酒不太好喝；下句突然扬起，说菜之丰盛。第三、四句跟前两句接得上吗？先说说这两句的内容。

生：是写行路人的感觉，在迷茫中突然发现了美好的去处。

师：这"又一村"指什么？

生：指山西村，即诗人此刻所在的村庄。

师：由此可见，这是诗人回忆来村的经历，跟前两句接得很好，这也可以说是倒叙。这个村子美不美？

生：很美。

师：诗人这样来写山西村，实际上是为下文"古风"一语作铺垫，因为这是一个与世隔绝的"世外桃源"，所以才能保存古风。第五、六句写村中的习俗。请同学们用自己的话来复述。

（学生交流）

师：第七、八句是抒情，请说说大意。

（学生交流）

师：这首诗的结尾方式跟《过故人庄》的结尾相似吗？

（学生讨论）

师：相似之处是，都是诗人对招待自己的主人说的，"就菊花""闲乘月""夜叩门"等都是美好意境。不相似的是，《过故人庄》把重来拜访说得很肯定，而这一首说得不太肯定，仅是一种愿望而已。

上面的案例虽然在学习活动的设计上还有改进的空间，但执教者在关注古诗作法上已经有了意识，并作出有益的尝试。教小学生了解诗歌作法，一定要通过言语实践活动让他们自然地感受到，千万不能用灌输概念的方式。当一种作法在某首古诗中体现得特别明显时，才可以将其作为教学诗法的材料。不合要求的，只要诵读背诵，了解大意即可。

此外，古诗中常用的意象也可以随机教给学生。比如："松"代表坚贞不屈，"柳"代表惜别送别，"梧桐"代表凄凉悲伤，"霜"代表人生坎坷等等。这能提高学生学习古诗的效率。

第三，善用资源，情感想象。

小学生的日常生活与古人离得太远，要想理解古诗体会诗意，就要想办法让孩子们感觉到古诗、古人离自己并不远。此话怎讲？所谓不远，首先是诗中描写的景物现在也能见到。比如"夜来风雨声，花落知多少""床前明月光"，这样的景致在孩子的生活中都可以找到。有一次我给学生讲李清照的《如梦令》："昨夜雨疏风骤。浓睡不消残酒。试问卷帘人，却道海棠依旧。知否，知否？应是绿肥红瘦！"我一边做手势一边串讲：女词人与朋友聚会，玩得尽兴，喝醉了。不过她还记得夜里下了雨、刮了风。第二天早上，家里的仆人卷起窗帘。阳光射进屋内，女词人醒了，就问，院子里的海棠花怎么样了。谁知仆人想都不想，回答道，海棠花还是老样子，很好。女词人不禁笑道：你真没常识，昨天晚上又是刮风又是下雨，海棠花那鲜红的花瓣一定被打掉不少。虽然用了串讲的方式，但是学生都被吸引住了：一来觉得好像在听故事；二来，风雨之后花瓣零落的情景，卷起窗帘阳光射入房间的情景都是学生常能见到的，甚至亲身经历过的，有亲切感。其实，古人的日常生活虽然与我们不同，但他们的喜怒哀乐等诸多情绪却与今人一样。教学中，提供必要的资源，让学生借助注释自主学习重点字词，通过讲述整体感知诗歌内容（避免将古诗课上成字词翻译课），了解诗歌创作的背景，了解诗人的生平，就可以为学生理解诗人的情绪提供便利，以此在学生与古人之间架起一座桥梁，使其走近古人。

一位老师在教《示儿》时，在资源利用方面作了很好的尝试。

师：一位怀着满腔爱国之情的老人，带着他毕生的遗憾和无限的希望离开了，陆游南宋统一的愿望实现了吗？

（学生讨论）

师：老师这里查到了相关资料，看到了《示儿》"续篇"：宋末林景熙《题陆放翁诗卷后》一诗的后几句："床头孤剑空有声，坐看中原落人手！青山一发愁蒙蒙，干戈况满天南东。来孙却见九州同，家祭如何告乃翁。"（课件展示）从诗中你能看出南宋统一了吗？

（学生交流）

（诗意：……你的子孙虽然见到了统一的国家，但是这国家是由元兵统一的，怎么能在家祭的时候告诉你呢？）

师：为什么朝廷会灭亡，国家会衰败呢？请看南宋诗人林升的《题临安邸》。

（课件出示）

> 山外青山楼外楼，
>
> 西湖歌舞几时休？
>
> 暖风熏得游人醉，
>
> 直把杭州作汴州。

知道这首诗的含义吗？请你找出国家衰败的根源是什么。

（学生交流）

师：那么，如何才能国富民强呢？梁启超的《少年中国说》中有这样一个片段（课件出示）：

"故今日之责任，不在他人，而全在我少年，少年智则国智，少年富则国富，少年强则国强，少年独立则国独立，少年自由则国自由，少年进步则国进步，少年胜于欧洲则国胜于欧洲，少年雄于地球则国雄于地球。红日初升，其道大光……纵有千古，横有八荒，前途似海，来日方长，美哉我中国少年……"

师：只有像梁启超先生所说的那样，我们的国家才有前途。同学们，让我们怀着满腔的爱国之心朗读这段话，把我们少年的心声说出来吧！

师：同学们，国富民强，匹夫有责。让我们再次诵读《示儿》吧。

（学生配乐朗读）

师：陆游还写了许多的爱国诗词，今天老师给你们推荐两首：《秋夜将晓出篱门迎凉有感》《十一月四日风雨大作（其一）》。

（学生自由读）

师：今天老师再向你们推荐一些有关古诗文的网站，那里有丰富的资源，同学们可以尽情地分享！（课件提示网站）

执教者用"愿望是否实现—朝廷为什么灭亡—国家如何强盛"为线索串联教学过程，可谓匠心独具。执教者在使用拓展资源时有三个优点：第一，所引材料与《示儿》的主题相关联，使整堂课完整统一；第二，所引材料浅显易懂，不需要教师作过多解释，使学生能在教学线索的指引下，顺畅地达到教学目标；第三，教学线索不仅帮助学生更好地理解教学内容，而且锻炼了他们的思维能力，使其对严密的逻辑性有了初步感知。

阅读诗歌离不开想象，特别是在低年级的古诗教学中，引导学生合理想象，能帮助学生更好地理解诗意、感受诗情，感受诗境的美好。比如教学贺知章的《咏柳》时，让学生用拟人的方式将春天中的景物编成童话故事。学生一边想象，一边就会在故事里流露自己的情感。现在的孩子聪明，思路开阔，一旦为其提供宽松的平台，他们将古诗改成故事时，常常会突发奇想。有一次，我教完《寻隐者不遇》，请学生将古诗编成有完整对话的小故事，一个孩子这样写——

> 我坐在松树下等我师父采药回来。
>
> 我师父是个有名的道士。他总是在这深山老林里炼丹、熬药。说实话，我真不想在这里待。我出生在一户穷苦人家，四岁不到，父母就把我送给道士，长大后给他当道童。住在山里很危险。有一天晚上，一种不知名的野兽闯进家门，还叫了两声。我师父挥剑大喊："妖孽，吃我一剑。"说完，他就逃走了。那野兽被吓到了，一下子逃走了。反正生活在这里是一种煎熬。
>
> 我师父现在老糊涂了，常会忘记回家的路。可他偏偏还喜欢去大山深处、悬崖边采什么灵芝啊何首乌啊。
>
> 说到采药，我想起一件事。有一天，师父又去采药。一个陌生人跑来对我说："小孩，道士在不在？"
>
> "不在。"我头也没抬。
>
> "你真没礼貌。"那人有点不高兴。
>
> "就在这座山里面，你自己去找吧。"我没好气地说。
>
> 那人竟真的上山去找了，不知道最后找到了还是从山上掉下去了，反正我再也没有见过他。

读完这个故事，我只能对孩子奇妙的想象力表示由衷赞叹。看似游戏文字，仔细琢磨一下，可以看到小作者在叙述角度、情节设计上的匠心。在创作故事的时候，小作者完全将古诗内容内化于心间，他享受着创作的乐趣，用自己的方式完成对古诗的另类解读。对此，教师应该尽力保护，即便有些出格，也应该在鼓励的基础上善加引导，而不能一味批评抹杀。多元的解读、体验、分享会让古诗学习充满情趣，有了情趣才能让学生感受诗人的情感，以及情感的迁移。

综上所述，小学古诗教学需要创设情境，调动学生的生活经验，激发其学习兴趣；需要通过诵读吟唱对诗意获得整体感知，在言语实践活动中完成个性化的解读、体验；需要通过多媒体、拓展资料加深对古诗的理解；需要在教师引导下让学生通过比较分析，习得简单的古诗作法，并学会基本的读诗方法。这样，就能在小学生与古诗间搭起一座桥，让学生走近古诗，走向优秀传统文化的彼岸。了解这些之后，教师在备课时就可以从语言学习、情感体验、想象力培养三个角度思考古诗教学目标。以下是我梳理的三个年段的教学目标，不揣浅陋，供同行们批评。

表 1　小学古诗教学目标

	一、二年级	三、四年级	五、六年级
语　言	1.诵读、背诵浅近的古诗 30 首。 2.在教师指导下理解古诗大意。 3.学唱古诗歌曲。	1.诵读、背诵经典古诗词 40 首。 2.在教师指导下，借助工具书，理解古诗大意。 3.通过聆听模仿，初步了解吟诵方法。 4.初步学习体悟古诗的方法。	1.诵读、背诵经典古诗词 50 首。 2.运用学过的方法，自行理解古诗大意。 3.通过聆听模仿，学习吟诵。 4.进一步学习体悟古诗的方法。
情　感	在教师指导下初步体会作者写诗时的情感。	在教师指导下，通过诵读，结合对文字的理解，体会作者创作时的情感。	通过诵读、吟咏，以及对古诗大意、背景资料的理解，体会作者的情感，并能与自己的相关经历联系起来。
想　象	在教师指导下，借助媒体，对部分古诗中描绘的场景进行想象。	在教师的指导下，借助媒体，对古诗意境、内容、情景展开丰富想象。	在教师指导下，在理解古诗内容、把握诗意的基础上，进行拓展性想象。

让小学生掌握学习古文的路径

小学教材中的古文不多，但教师仍应掌握一些基本的古文教学方法，让小学生从小对文言文产生兴趣，为今后学习文言文打下良好的基础。现在很多学校都编制了古诗文校本教材，那么教师更应该储备一些古文教学方法才好。

我以为，小学阶段教学古文的一般流程是：教师导读，学生诵读，释析要点，拓展关联，自我建构。

第一，教师导读。有的教师常在一个单元教学之始，先对整个单元的学习内容作一番导引。有的教师则在指导学生阅读整本书前，作总体的引导。小学生学习古文也需要这样的导读。小学生拿到一篇古文，眼前会出现诸多难题，有字词释义方面的，有时代背景方面的，有作者思想情感方面的。如果教师事先作些准备，用学生熟悉的方式，作点铺垫，激发兴趣，为学生解决困难提供坡度，那么后面的学习就会顺利很多。

第二，学生诵读。小学生学习古文，诵读极其重要。读到通畅自如时，学生对部分词义也就明了了。

第三，释析要点。一篇古文中有时会出现常用的语词和句式，这是需要教师重点讲述提醒的。如果遇到与全文主旨密切相关的句子段落，也是需要教师细加讲解的。因为这样的内容学生无法自读自悟。将要点说清楚后，还要用诵读的方法巩固，以加深学生印象。

第四，拓展关联。小学生学习的古文都是浅显短小的，学生具有了一定的文言文阅读能力后，可以再找一些相关的文言给学生阅读。所谓"相关"，是指可以是同主题的，可以是同文体的，可以是同作者的，可以是同时代的等等。不管哪种"同"，阅读难度最好是相当的。除了"同"，当然也可以找一些"异"。在拓展阅读活动中，引导学生运用学会的阅读方法，举一反三，积累词句，活化思维。要说明的是，找"同"稍微容易些，找"异"却难，需要教师有较大的阅读量才行。

第五，自我建构。在拓展阅读的基础上，一定要引导学生建构出自己的观点、感悟。一方面，我们要理解古人，另一方面，我们要通过阅读古文提升自己的现代意识。如果只从增加阅读量的角度来认识拓展阅读，就有些"物"不尽其用了。有一次，我教学生读蒲松龄的《牧竖》。文章讲的是，两个牧童到狼窝里勒死母狼抓获小狼的故事。课上，我引导学生从母狼的视角讨论这个故事。通常，在读者的意识中，牧童总是弱小的，狼总是凶残的，但在这个故事里，牧童却是主动出击的一方。课后，一个学生站在母狼的角度改写了这则故事，字里行间充满了对母狼的同情。这样的自我建构训练，能缩短学生与古文的距离。

在教学中，教师可以根据教学目标和教学内容的特点，适度调整上述流程。

由上述教学流程可提炼出三种常用的古文教学策略。

第一，范读诵读，猜测大意。

教小学生读文言文，首先就是大声诵读以获得语感。而且刚开始时，教师一定要范读，然后学生再模仿着读。这样做好处很多，比如，帮助学生快速掌握冷僻字的字音，有效地学会句子间的停顿和古文特有的语调等。古人对诵读极为重视，历代读书人留下不少经验。清人李扶九把读古文的方法分为上下二等。这里摘引一段：

> ……然后逐字逐句而细读之，看其措语遣词，如何锤炼？又逐节逐段而细思之；看其承接起落，如何转变？又将通篇抑扬唱叹，缓缓读之，审其节奏；又将通篇一气紧读，审其脉络局势，再看其通篇结构照应章法，一一完密与否？则于此首古文，自有心得矣。能读古文，异日自能作古文者此也。

李扶九将诵读分成缓读和快读，各有各的用处。他认为，通过诵读可以了解作者遣词造句的方法，可以了解作者的行文思路和文章结构。最后实现以读促写。可见，不能为读而读。当然，现在的小学生读文言文不必达到那么高的要求，读通句子，读出韵味，读懂大意即可。李扶九还说——

> 初学最要，若古人字句险僻不亮，用意深晦不明者，可解则解，否则不求甚解，盖读书贵得大意，此古人所谓善读书也。

这个经验很重要。初学文言时，跳过一些难字，在教师的引导下猜出文章大意是行之有效的好办法。对于初学者而言，能在短时间内看懂一篇古文大致的意思，便能获得成功感。具备了良好的学习心理再去深入学习，效果会更好。

第二，提供资料，注重讨论。

小学生学习文言，古今异义的词汇、文化常识、典故等是最常见的难点。可如果在这些地方花太多的时间，学生就会觉得枯燥单调，索然无趣。所以我经常将上述信息印成讲义，发给学生，或是让其提前阅读，或是组织学生合作学习，运用资料解决问题。另外，选择合适的材料，择其紧要之处，引导学生或从内容或从表达形式上开展学习讨论，也很重要。它能使学生感觉到学文言文与白话文的方法是相似的，从而减少陌生感。

有一次，我教学生读刘基的《道士救虎》：

> 苍筤之山，溪水合流，入于江。有道士筑（寺）于其上，以事佛，甚谨。一夕，山水大出，漂室庐，塞溪而下，人骑木乘屋、呼号求救者声相连也。道士具大舟，躬蓑笠，立水浒，督善水者绳以俟。人至即投木索引之，所存活甚众。平旦，有兽身没波涛中，而浮其首，左右盼，若求救者。道士曰："是亦有生，必速救之。"舟者应言，往以木接。上之，乃虎也。始则矇矇然，坐而舐其毛。比及岸，则瞠目眂道士，跃而攫之仆地。舟人奔救，道士得不死，而重伤焉。

熟读此文后，我让学生讨论了几个问题：道士救人，救了多长时间？道士救虎前有人劝过他吗？他为什么不听劝？道士受伤之后会怎么说？这个道士与东郭先生有什么异同？

这些问题有的让学生想象文中省略的内容，有的让学生更准确地把握文章内容，有的引导学生思辨，训练他们的思维能力。实践之后，效果很好。

补充一句，我一直不大赞成给小学生，特别是高年级的孩子在课堂教学中读过于简单的文言文。一来学生会觉得学习没有挑战性，影响其学习兴趣；二来过于简单的文章无从咀嚼。学生自学即可，不必在学校里教。提供给小学生阅读的文言文 60% 以上最好是故事情节生动，人物形象鲜明，词句朗朗上口，冷僻字词不多的。

第三，改写表演，分享愉悦。

要学好文言，关键不在于了解字义词义，而在于掌握常用的句式，获得文言的语感。如果将一些文言词汇句式用于白话文的写作，那么文言文也就学好了。另外，将文言文改写成小故事，排演课本剧也是很好的学习形式，当学生在白话与文言之间自由出入时，文言就从死的文字变成了活的语言。

有一次我教学生读《艾子杂说》中的一篇：

> 昔有人将猎而不识鹘，买一凫而去。原上兔起，掷之使击，凫不能飞，投于地。又再掷，又投于地。至三四。凫忽蹒跚而人语曰："我鸭也，杀而食之乃其分，奈何加我以抵掷之苦乎？"其人曰："我谓尔为鹘，可以猎兔耳。乃鸭耶？"凫举掌而示，笑以言曰："看我这脚手，可以搦得他兔否？"

学完之后，请学生将文言改写成白话故事。一个孩子这样写——

> 以前有个人想去打猎。出发前，他到集市上买鹘。可他不认识鹘。在一个小摊前他对小贩说："我要去打猎，帮我挑一只好一点的鹘。""好咧，亲！"小贩一边答应，一边心想，给他一只凫。他这么二，肯定不会发觉的。
>
> 那人兴高采烈地带着"鹘"去了郊外。突然一只兔子跳出草丛。"走你！"他扔出了"鹘"。可是可怜的小鸭怎么会飞呢？它"叽叽"一声掉落在地上。那人赶紧再扔，一次，两次，三次……小鸭

实在hold不住了，叫道："我的天啊！我只是只小鸭，被人吃进肚子才是我该做的事。你扔什么扔啊？人家很痛的！""什么？"那人叫起来，"鸭子？可小贩说你是鹘啊，可以抓兔子啊，怎么会是鸭子呢？""啊？嘎嘎、嘎嘎……"小鸭举起了小脚，说："你看看我的脚脚，明显是游泳的料，怎么可能抓兔兔嘛！亲……""太过分了，回去我要给他一个差评！"那人愤愤地说。

曾国藩教儿子读书时说——

涵泳二字，最不易识，余尝以意测之曰：涵者，如春雨之润花，如清渠之溉稻。雨之润花，过小则难透，过大则离披，适中则涵濡而滋液；清渠之溉稻，过小则枯槁，过大则伤涝，适中则涵养而浡兴。泳者，如鱼之游水，如人之濯足。程子谓鱼跃于渊，活泼泼地；庄子言濠梁观鱼，安知非乐？此鱼水之快也。左太冲有"濯足万里流"之句，苏子瞻有夜卧濯足诗，有浴罢诗，亦人性乐水者之一快也。善读书者，须视书如水，而视此心如花如稻如鱼如濯足，则涵泳二字，庶可得之于意言之表。

我想，小作者在用"淘宝体"改写这篇古文时，不就是将自己浸在原文之中了吗？小作者仿佛就是一条小鱼，视文如水，活泼泼地自由自在地游着。当在教室里交流这篇习作时，引来掌声一片，而此时小作者内心的愉悦是无以言表的。有了这样的经历，这个孩子不仅喜欢上了文言文，还成为同学们的榜样，带动其他孩子学习。

经常性地多式样地改写练习能让学生不知不觉地把自己放到古文里，能激发学生的学习兴趣，还能让孩子们的笔尖慢慢流出文言句式。（孩子们对文言句式的吸纳、运用常常优于白话文学习。）

教学策略只是为备课上课提供一些思路，教师只有读懂古文内容，了解学生的学习基础和学习规律，教学目标才能定得贴切，教学环节的设计，教学方法的选择才能新颖灵活，吸引学生，使教法亦为学法，让学生获得学习古文的方法路径，从而获得良好的教学效果。

读经与读经典

　　近些年，读经与经典阅读的声音在教育界此起彼伏。对于读经的争论更是不断，华东师范大学的胡晓明先生还将各种意见汇编成书。也常有一些朋友问起我的态度。我说，我反对在学校里读经，不反对读经典。读经与读经典是两个完全不同的概念，不少教师却将其混为一谈。

　　是否要在学校里读经，20 世纪 30 年代就已经有了相关讨论。相关言论可以从龚鹏程先生编的《读经有什么用》一书中看到。1935 年，傅斯年先生写过一篇《论学校读经》，其中说道：

　　"当年的经学，大部分是用作门面装点的，词章家猎其典故，策论家壮其排场，作举业的人用作进身的敲门砖。念经念到迂腐不堪的极多，真正用经文以'正心诚意'的，可就少了。这本也难怪，经文难懂，又不切后代生活……若明白这件事实，便当了然读经的效用，从来没有独自完成过。

　　"我不知今之主张读经者，为的是充实国文或是充实道德力量？如欲以读经充实国文，是最费力不讨好的；如欲以之充实道德力量，还要先有个时代哲学在。不过据六经造这时代哲学，在现在又是办不到的事了。

　　"今日学校读经，无异拿些教师自己半懂不懂的东西给学生。若是教师自己说实话，'不懂'，或说'尚无人真正懂得'，诚不足以服受教者之心；若自欺欺人，强作解事，无论根据汉儒、宋儒或杜撰，岂不是以学校为行诈之练习所，以读经为售欺之妙法门？"

　　读经的"经"，说小一点，是指"四书五经"，说大一点，是指"十三经"。那是儒家学说的重要著作。封建帝王名义上是以儒治天下，那时的读书人自然是要读"经"的。现在很多小学让学生读的"三、百、千"之类根本不是"经"，只是古代的蒙学读物而已。傅斯年先生那一代学人大都学贯中西，扎扎实实读过"经"的。他们知道经文的奥妙，因此其反对读经的意见我是全盘接受的。

我在学生时代也翻过"四书五经"，不是老师要求的，而是自己想读。结合上述引文和自己的体会，说说我反对读经的理由。

读经与现代教育目标相悖。现代教育的目标是培养具有现代观念的公民。现代公民必须具备自由、民主、科学、法制等普世价值观。这些普世价值观在经文中是没有的。"四书五经"教人做臣民而不是做公民。在长达两千多年的专制社会中，儒家经典被皇帝当作统治臣民的工具，那里没有民主思想存在的条件。中国古代文本里有好东西，但大都不在经文中。

读经让学生从小学会"迷信"。提倡读经的人总说，趁孩子年纪小、记忆力强，多读多背一点经文对他们将来有好处。可是真正对孩子的将来有好处的绝不是那些经文，而是"独立之精神，自由之思想"。提倡读经的人会乐意看到孩子们一边读经一边对经文提出疑义吗？我看不会。有了疑义，孩子还会去读吗？孩子对经文的质疑会不会多到让他们放弃读经呢？我看会的。因为产生经文的那个农耕时代已经远去，与现在这个时代有着太多的不同。提倡读经的人只希望孩子接受灌输，不要有自己的想法。

有些人认为读经可以使孩子变得文明，可以在若干年后改善社会环境。这是一种天真的想法。从古代的经书中怎么可能提炼出适应现代社会的价值观、道德标准、行为准则？

读经的学习方式不适合孩子。读经的主要方式就是读与背。背诵是一种必需的技能，但对孩子来说，他们需要理解的背诵而不是机械的背诵。胡适先生回忆童年读书的经历时很感激母亲，因为母亲出高额讲课费，请老师为胡适讲解，而不是一味地机械背诵。为什么要这样做？有心理学教育学常识的教师都懂。那么我们现在的教师能不能在学生读经时提供有益的讲解？肯定不能。理由也是不言而明的。读经会导致用枯燥的背诵消磨孩子的学习兴趣，增加他们的学习负担。

至于说读经可以提高语文水平，更是不值一驳。现代文坛上，周氏兄弟的文章是高峰，他们都读过经，但都认为自己的国文能力主要得益于看闲书。在《知堂回想录》中，周作人先生写道："本来看小说或者也不能算多，不过与经书比较起来，便显得要多出几倍，而且我的国文读通差不多全靠了看小说，经书实在并没有给了多少帮助，所以我对于耽读小说的事正是非感谢不可的。"

说到这里，我要重申，我反对的是在学校里搞读经运动。有些孩子如果对经文真有兴趣，愿意在家里读，那是他的自由，别人自然不能干涉。关于读经我想再引一段20世纪30年代陈高傭先生说的话："把握现实问题，自己能用思想解决问题的人可以读经；不认识现实环境，盲目崇拜古人的人不可以读经；大学生可以自由读经，中学生、小学生绝不应勉强读经。了解现代思想，懂得科学方法的学者可以指导人读经，权力熏心、头脑腐旧的官僚武人以及文化骗子无资格提倡读经。"老先生说得实在通透。

接下来再说说读经典。

我赞成读经典，而且读经典应该慎重。必须解决好读什么和怎么读的问题。经典不是先验的。陈来先生在《古代思想文化的世界》中说："一个经典之成为经典，在且仅在于群体之人皆视其为神圣的、有权威的、有意义的，在这个意义上，经典的性质并非取决于文本的本身，而取决于它在一共同体中实际被使用、被对待的角色和作用。"我把这段话理解为，经典的价值在于被后人使用。"经"之不必读，很重要的一个原因就是它不能再用。因此，哪些东西对孩子有用，哪些东西可以称为经典，选择什么提供给孩子们读，教师要花力气钻研、学习。这是一个大课题。

关于经典的定义可谓夥矣。我以为，提供给孩子的经典读物至少应具备如下条件：首先，应该富有童真童趣。其次，应该蕴含着普世价值观，对自然、对人类抱着敬畏、悲悯之心。再次，表达形式要活泼灵动，易于孩子接受。这样的读物必定能经得起时间的磨砺，堪称经典之谓。我看到过很多提供给小学生的书单，符合上述标准的，不多。

教师在让孩子读经典时，自己应该先读。教师走进校园，所有行为都应该体现出教师职业的特点。放手让学生随便读，是不妥当的，是一种职业不作为。教师先于学生将文本读通，才能更好地指导学生开展阅读。指导学生阅读经典作为一种教学行为需要周密设计。哪些可以集体读，哪些可以单独读，哪些读后要讨论，哪些读后要积累，哪些可以借助媒体读，哪些可以配上综合语言学习活动，哪些适合固定的时间读，如此种种，这些思考既是操作技术层面上的，同时也与教师的专业素养、知识背景有密切关系。经典对于孩子精神成长的好处不用赘述，好的阅读指导设计可以使阅读效果事半功倍。

我深爱中华传统文化，也算是下过点功夫，所以我坚决反对在学校里读"经"，赞同读经典，并对读经典保持谨慎的态度。两千余年的专制体制是压在中国身上的沉重包袱。因此，我总提醒自己目光要落在现代，脚站在东方，眼睛要看着西方。小学教员是为着未来工作的。我们生于斯长于斯的故国在现代化的道路上还要走多久，从某种意义上讲，取决于我们每天与孩子们的交往质量。

随记四则

一、何以有诗

诗歌的产生与生产劳动是有密切关系的。鲁迅先生对此的有关论述，摘抄在下面：

> 我们的祖先的原始人，原是连话也不会说的，为了共同劳作，必需发表意见，才渐渐的练出复杂的声音来。假如那时大家抬木头，都觉得吃力了，却想不到发表，其中有一个叫道"杭育杭育"，那么，这就是创作；大家也要佩服，应用的，这就等于出版；倘若用什么记号留存了下来，这就是文学；他当然就是作家，也是文学家，是"杭育杭育派"。

读了这段话，我就想起一件事——有一年因为要换办公室，单位请来很多农民工帮着搬书。办公室里的书橱大都很重，从一幢楼的四楼搬到另一幢楼的二楼、三楼，真不是一般的体力活。因此，在他们搬运时，楼道里就回响着有力的劳动号子。一个人在前面领唱，一些人随后应和。劳动号子的调子应该是这些农民工家乡的民间小调，时而短促有力，时而激越，时而悠扬，甚至有滑音有变奏。领唱的人有时唱三个字，有时唱两个字，用方言。应和者能依据搬运的实际情况应对，或是一两字，或是三四字。声调旋律和谐默契到叫人惊叹的地步。劳动号子里渗透出一股深沉的力量，让人感受到生命的张力。从中你不仅听不到不堪重负，相反还能品味出幽默、快乐。就如鲁迅先生所言，如果能将农民工唱出的两个字三个字记录下来，不就是诗吗？最初的诗歌应该就是这样产生的吧。

古人说："饮食男女，人之大欲存焉。"这是说食欲和性欲是人的最基本的两种欲望。实际上，人活在世界上，所希望得到的远不止这两种。想得到，最后真的得到了，自然会欣喜。想得到，最后得不到，免不了惆怅。这欣喜和惆怅以及其他的感触、情绪便是心声，将心声用特殊的方式言说出来，就是诗。这是诗歌的另一种起源吧。《尚书》里说："诗言志。"《诗大序》里说："诗者，志之所之也。在心为志，发言为诗。"所以诗是用特定的文字、声音形式表达出来的情感和思想。真挚的情感，凝练的文字，适切的声韵是诗最重要的特征。

中国是一个诗的国度，几千年来，各朝各代的文人骚客留下了大量的优秀作品。时代不同，物质生活不同，人的精神世界也不同，于是人们创造出最适合自己的文学式样，以便最充分地表达自己的情感。

二、平仄与押韵

要了解格律，首先要知道平仄。汉字一字一音，每个字都有自己的声调。古代汉语有四个声调，分别是平声、上声、去声、入声。在现代普通话中，上声、去声还保留着，平声演变为阴平、阳平，入声已经消失。原来的入声字大都被分解到阴平和阳平字中去了。不过，在一些方言中，入声字还保存着。比如上海方言中，"白""石""国"等字都读成入声字。但是在普通话中，它们都是阳平字。所以现代普通话的四声分别是阴平、阳平、上声、去声。

在格律中，大多数阴平、阳平字，即第一、第二声，称为平声字。通常用横线表示。上声、去声的字，即第三、第四声，称为仄声字。通常用竖线表示。入声字，也归在仄声字中。入声字读起来短促有力，不能拖音，在格律诗中十分重要。学习格律诗时，必须把入声字找出来，那样才能诵读出格律诗特别的韵味，才能更好地从声韵角度理解诗意。

要区别入声字主要有两种方法，一种是利用方言来区分。很多南方方言中，入声字大体都留存下来了，如果熟练掌握方言，只要用方言读诗句，入声字是不难分辨的。另一种办法就是多看多读多记。一是多读诗词，熟悉了，自然也就记住了。二是很多讲诗词格律的书上都有常用入声字表，花些时间读读背背，这是笨办法，但也是好办法。

古人对于平、上、去、入四声的读法留有口诀：

平声平道莫低昂；

上声高呼用力强；

去声分明哀远道；

入声短促急收藏。

"平声平道莫低昂"，是指平声字随口平读，声音不高不低，尾音自然延长。"上声高呼用力强"，是指上声字向上高读，声音高亢而响亮，没有尾音。"去声分明哀远道"，是指去声字向下重读，声音哀而远，尾音较短。"入声短促急收藏"，是指入声字急读急收，也没有尾音。

格律诗中两个字为一个节拍，所以，五言诗每句三个节拍，即第一、第二字为一个节拍，第三、第四字为一个节拍，最后一字为一个节拍。第二字、第四字、末一字为节拍点。同理，七言诗每句四个节拍，第二字、第四字、第六字、末一字为节拍点。每个节拍点（不包括末一字）的平仄都应该交错运用，以达到诗句读起来声调高低错落、悦耳动听的效果。所以在格律诗中，第一句和第二句节拍点上的字（不包括末一字）必须平仄相对。第三句和第四句之间也应如此。如果没有做到平仄相对，就称为失对。而第二句和第三句之间，节拍点的平仄则必须相同，也就是相粘。如果不相同，就称为失粘。比如李白的《早发白帝城》：

朝辞白帝彩云间

——｜｜｜——

千里江陵一日还

—｜——｜｜—

两岸猿声啼不住

｜｜——｜｜

轻舟已过万重山

——｜｜｜——

从平仄标记来看，这首诗中，第一句和第二句中的第二字、第四字、第六字都做到了平仄相对。第三句和第四句的第二字、第四字、第六字，也是平仄相对的。第二句和第三句的节拍点，则做到了平仄相粘。

诗歌中一部分句子的最后一个字用同一个韵的字，使诗歌读起来更朗朗上口，具有音乐性、艺术感染力，这就是押韵。开始时人们只是凭着语言习惯来押韵，随着诗歌艺术的发展，文人们相继探讨各种用韵，其中《平水韵》影响最大，通行了七百多年。

《平水韵》是根据南北朝和隋唐时期的韵书整理而成的，因此其中的一些字音和现在已不相同。另外，在声调上也有很多不同。所以有些旧体诗爱好者提出，用新韵来写诗。不过，我以为写格律诗还是应该遵循平水韵。音韵方面的要求是格律诗最重要的特征，如果连这个都不讲究，写出来的诗就不能称为格律诗了。

近体诗中，绝句诗的第一句可以押韵也可以不押，如果不押韵，那么最后一个字必须用仄声字。绝句诗的第二句和第四句必须押韵，而且必须用平声字。绝句诗的第三句不可以押韵，且必须用仄声字。

律诗通常也都是用平声字押韵。第一句可以押韵，也可以不押。如果不押韵，最后一个字通常用仄声字。第二、四、六、八句一定要押韵。第三、五、七句不用韵的最后一个字，必须用仄声字。

无论律诗还是绝句，必须一韵到底，所有押韵的字都要在《平水韵》中的同一个韵部之内，不能邻韵（即韵部音近的字）通押。

另外，在律诗中，颔联（第三句、第四句）和颈联（第五句、第六句）必须对仗。在绝句中，对仗可有可无。

三、读懂古人留下的消息

现在通行的白话文与我们日常说话是基本一致的。所以在学校里教孩子习作，老师常常说，心里怎么想的，嘴里怎么说的，手里就怎么写。不过，在古代，文言文和口语区别很大。不看别的，就看明清时期的演义小说，就能发现里面的口语与那时的文言几乎是两个系统。所以自古以来，文言就是难学的。到了现在，更是如此。有些小学生进入初中学习文言文时，好像新学了一门外语。即便学了，也有不少人学不到家。张中行先生谈到文言的传承问题时，举过一些错用文词的例子：

（1）这样的新疗法应该公诸于世。

（2）我们植树大队于下午五时凯旋而归。

（3）人人积极主动，日以继夜地干。

（4）要动脑筋，闯新路，不要总是固步自封。

（5）这不能视如敝帚，随手扔掉。

（6）我是老骥伏枥，干不了什么了。

"诸"是"之于"的合音，说"公诸于"，等于说"公之于于"。"凯旋"是唱着歌回来，"凯旋"之后加"而归"，等于说两次"回来"。"日以继夜"是说白天连着晚上干，这种说法不合适，应该是"夜以继日"才对。"固步自封"其实应该是"故步自封"，"故"是旧有的意思。"敝帚"表示自己看重，在这里应该是"敝屣"。"老骥伏枥"原意是积极的意思，而这里表示消极，用错了。

离文言时代越来越远，传承上的问题自然会越来越多，所以当下要学好文言真要花些功夫才行。

要读懂一篇白话文章，得从字词句入手，了解写作背景和文化背景，然后才能对作者寄托在文章里的思想情感、行文思路有所体悟。读文言文也是如此。

四、典故和委婉

使用典故是古人写作时常用的方式之一。数千年的历史，先贤的著作汗牛充栋，很多想法、观点古人早就讲过，那么自己写文章时，将古人的说法用典故的方式表达出来，以证明自己的观点，让自己的文章更含蓄隽永，是一个很好的方法。引用古人的事迹叫用事典，引用古人的文章叫用文典，引用古人的言论叫用言典。

有些古人用典是为了卖弄学问，以显示自己读书多。但更多的是因为很多话由于各种原因无法直接说出来，只能通过典故含蓄地表达。比如辛弃疾的《永遇乐·京口北固亭怀古》："千古江山，英雄无觅，孙仲谋处。舞榭歌台，风流总被雨打风吹去。斜阳草树，寻常巷陌，人道寄奴曾住。想当年，金戈铁马，气吞万里如虎。元嘉草草，封狼居胥，赢得仓皇北顾。四十三年，望中犹记，烽火扬州路。可堪回首，佛狸祠下，一片神鸦社鼓。凭谁问，廉颇老矣，尚能饭否？"词中用了五个典故，特别是最后一个"廉颇老矣，尚能饭否"淋漓尽致地表达了作者一心报国却投效无门的郁闷心情。

古人用典，在先秦时期就开始了，到了汉朝已经初见规模。等到骈文出现，用典故就成了写文章的一大特色。

以古人酒杯浇胸中块垒，用别人的嘴说自己的话自然是巧妙的。但如果用的典故过于冷僻，那就对阅读造成了妨碍。如果遇到反用典故，那么误读的可能就更大了。在中国历史中，各类典故实在太多了。但是，一个时代的人对前人留下的典故的理解总会有一定的时间范围。年代离自己太远的，总是不可避免地陌生一些，于人于己都不便利。这是在学典故、用典故时应该考虑的。

委婉地表达自己的意思，是古人的一种思维方式，也是一种独特的表达方式。委婉地表达能给人以温柔敦厚、有教养的印象，也是塑造民族性格的一种方式。古人在很多方面都需要使用委婉的方式。比如姓名上，古人有名有字。名用来自称，字则是给别人称呼自己时用。比如称呼上，对长辈、平辈、晚辈都是不一样的，都有专用词汇。清朝人梁章钜专门编有一本厚厚的《称谓录》，由此我们可以了解古人在这些小细节上的用心。而用心的背后实际上就是文明的姿态。婉转的表达，在古人的尺牍上体现得尤其鲜明。古人是很看重写信的，从格式、行文到称呼等都有讲究。

南北朝时期梁的丘迟的《与陈伯之书》是古人书信的代表作之一。丘迟与陈伯之原同为梁臣。后来陈伯之投靠北魏，与梁交战。丘迟写信劝降。全信对仗工整，音韵和谐，引经据典，婉转节制，从故国乡谊、个人前途，到民族大义、国家形势，环环相扣，晓之以理，动之以情。读了此信，陈伯之率部八千余人向梁军投降。上文提及的诸多文言文特色在此信中皆有体现。

附：

与陈伯之书

迟顿首陈将军足下：无恙，幸甚，幸甚！将军勇冠三军，才为世出，弃燕雀之小志，慕鸿鹄以高翔！昔因机变化，遭遇明主，立功立事，开国称孤。朱轮华毂，拥旄万里，何其壮也！如何一旦为奔亡之虏，闻鸣镝而股战，对穹庐以屈膝，又何劣邪！

寻君去就之际，非有他故，直以不能内审诸己，外受流言，沈迷猖蹶，以至於此。圣朝赦罪责功，弃瑕录用，推赤心于天下，安反侧于万物。将军之所知，不假仆一二谈也。朱鲔涉血于友于，张绣剚刃於爱子，汉主不以为疑，魏君待之若旧。况将军无昔人之罪，而勋重於当世！夫迷途知返，往哲是与，不远而复，先典攸高。主上屈法申恩，吞舟是漏；将军松柏不剪，亲戚安居，高台未倾，爱妾尚在；悠悠尔心，亦何可言！今功臣名将，雁行有序，佩紫怀黄，赞帷幄之谋，乘轺建节，奉疆埸之任，并刑马作誓，传之子孙。将军独靦颜借命，驱驰毡裘之长，宁不哀哉！

夫以慕容超之强，身送东市；姚泓之盛，面缚西都。故知霜露所均，不育异类；姬汉旧邦，无取杂种。北虏僭盗中原，多历年所，恶积祸盈，理至燋烂。况伪孽昏狡，自相夷戮，部落携离，酋豪猜贰。方当系颈蛮邸，悬首藁街，而将军鱼游於沸鼎之中，燕巢於飞幕之上，不亦惑乎？

暮春三月，江南草长，杂花生树，群莺乱飞。见故国之旗鼓，感平生于畴日，抚弦登陴，岂不怆恨！

　　所以廉公之思赵将，吴子之泣西河，人之情也，将军独无情哉？想早励良规，自求多福。

　　当今皇帝盛明，天下安乐。白环西献，楛矢东来；夜郎滇池，解辫请职；朝鲜昌海，蹶角受化。唯北狄野心，掘强沙塞之间，欲延岁月之命耳！中军临川殿下，明德茂亲，揔兹戎重，吊民洛汭，伐罪秦中，若遂不改，方思仆言。聊布往怀，君其详之。丘迟顿首。

中编　如是我教

古诗教学设计一束

小　引

古诗有很多要素特征，它们是古诗课的课程目标，也是教学资源。我选了一些要素，以八首古诗为载体，设计了相关的教学片段，里面有我的学生观和语文教学观。它们只是片段，只是例子，不求全，只求说清一个方面的情况，仅供参考。它们也是一些方法，是在课堂上帮助学生从不会到会的方法，是让学生今后能自己读懂古诗、喜欢古诗的手段。教方法是教师的核心工作。

一

登鹳雀楼

（唐）王之涣

白日依山尽，
黄河入海流。
欲穷千里目，
更上一层楼。

◉ 解读分析

《登鹳雀楼》是一首登楼远望的诗。鹳雀楼，旧址在蒲州（今山西省永济县西南），楼有三层，面对中条山，下临黄河，唐代为游览胜地，宋朝以后随土山被河水冲没。因为常有鹳（水鸟的一种）、雀栖息在楼上，故名为鹳雀楼。据说这是王之涣赶考时路过蒲州、登临鹳雀楼时写下的。

年轻诗人意气风发、踌躇满志的情怀在诗中一览无余。"白日依山尽"这句诗描绘了诗人所见到的自然景观，在人们的生活常识里，天气好的时候，太阳的颜色总是鲜艳耀眼的。诗人见到的是"白日"而不是红日，说明登楼的那天，天空不是万里无云的响晴，可能是灰蒙蒙的，不甚明朗。"依山"即太阳缓缓地向山挨挤过来，由于山的高耸，太阳只能是极慢地、一点一点地沉下来，最后终于不见了。这是写实。诗人登楼看到的只是鹳雀楼下临的黄河向东湍急奔流，势不可挡，却不可能真正见到黄河入海的壮观景象，"黄河入海流"只能是作者的想象和联想。这应该是虚写。这两句诗虚实相间，动静结合，表现了落日山河的壮阔和苍茫的景色。登楼远望，极目四顾，天高地远，胸襟开阔，心驰神往。这两句诗缩万里于咫尺，使咫尺有万里之势。但是诗人并不满足于眼前所见的景象，表达了自己"欲穷千里目，更上一层楼"的雄心和信心。要想看到更远的千里之外，就得再登上一层高楼。这本来就蕴含着"只有站得高，才能看得远"的人生哲理，诗人的言外之意就是希望能有更广阔的空间任自己翱翔，有更能展示才能的平台供自己发挥。

讲古诗，尤其是格律诗，平仄问题是否要讲、该怎么讲，是一大难题。我觉得，诗歌的学习和赏析一定要从形式与内容两个角度入手，缺一不可。形式美、声韵美是诗歌审美的重要组成部分。如果教师能够学一点诗词格律知识，在上课时为学生作一些浅显的介绍，将为学生更好地感受古诗的意蕴起到重要的促进作用。

平仄有规律，但依照规律为小学生详细讲解，则无必要，毕竟平仄对学生而言不是轻易可以弄懂的。特别是小学生在学校里都说普通话，不少字音已不是古音，有了这个变化，了解平仄就又多了一层难度。一方面是要讲，另一方面又不能讲得太深，如何把握好分寸呢？简便的做法是只讲到第一、二声为平声，第三、四声为仄声。平声长，仄声短。个别入声字或特殊情况，遇到时重点提一下。并且告诉学生读诗时把诗句中两个字作为一个节奏，因此五言诗的停顿是二二一，七言诗的停顿是二二二一。第二、四、六个字就是节奏点，他们如果是平声就读得长些，如果是仄声就读得短些。（当然有时也可以结合内容按二一二、二二一二停顿。但是初学时，我以为还是选择前一种方式停顿为好，那样更能体现格律诗的音律特点。）然后再组织学生反复练习，在诵读时辅以想象，将抽象的字音和形象的画面组合起来，使平仄更容易被学生接受、理解。

指导学生正确诵读古诗，最好要选择耳熟能详、词义清浅的。《登鹳雀楼》就是一个好素材。

片段设计

1. 自由朗读

请同学们自由、轻声朗读《登鹳雀楼》。一边读，一边猜测诗句的意思。（学生自读）

2. 教师范读

（1）邀请学生个别读或者集体读。评价时，给予积极的鼓励，为后面的教学环节作好情绪铺垫。

（2）听了大家的朗读，老师也想为大家读一读。请大家在听的时候，比较一下，老师的读法与大家有什么不一样的地方？（教师按照二二一的节奏朗读。可以多示范几次，便于学生辨别。每个停顿处，根据平仄，或长或短，需明显一些。）

3. 辨析异同

（1）指导学生讨论，在讨论中适时归纳，并板书要点。在讨论中，尤其要关注理解不当的发言。引导学生互相指正，最后得出答案。

（2）小结。

朗读古诗，通常是两个字一个停顿。这首诗我们用二二一这样的方式来停顿。

如果第二个字和第四个字是平声（即第一声和第二声），可以读得长一些，舒缓一点。

如果第二个字和第四个字是仄声（即第三声和第四声），可以读得短一些，急促一点。

4. 逐句指导

（1）出示标有停顿记号、平仄符号的古诗文本。（PPT 课件）

（2）"谁能看着课件，用老师的办法来朗读第一句？"学生朗读，教师及时指导反馈，尽可能组织较多的学生参与。通过朗读，引导学生自悟诗意。比如，"山"字要读得长一些，边读边体会落日西沉时的缓慢状态。

（3）"刚才大家读得很好，下面谁愿意读第二句？"学生练习时，除了给予鼓励纠正之外，还应发现掌握得较好的学生，让其示范，并组织学生点评。同时也要将朗读形式与体会诗意结合起来指导。

（4）"接下来，我们提高一些难度，谁能试着把第三句和第四句连在一起读？愿意读的，请站起来。"指导时提醒学生"一"虽然是第一声，但在古代是仄声字，要读得短促。

5.巩固练习

（1）教师再次示范朗读。

（2）配上音乐，全体学生齐读。可以练习多次，以帮助学生体会音律特点。

（3）组织讨论，按照二二一的方式停顿来读，你能感受到什么吗？

第四个环节组织学生通过模仿，改变之前不正确的读诗方法。第五个环节则是通过讨论，让学生对读诗方法有一些理性的认识。反复练习，使学生以后读诗时，有意识地用正确的方法读。

● 知识链接

王之涣（公元 688 年—742 年），并州人。唐天宝年间，与王昌龄、崔国辅等联唱迭和，名动一时。存诗六首。后人评价王之涣："孝闻于家，义闻于友。慷慨有大略，倜傥有异才。"说他的诗作"传乎乐章，布在人口"。

二

枫桥夜泊

（唐）张　继

月落乌啼霜满天，

江枫渔火对愁眠。

姑苏城外寒山寺，

夜半钟声到客船。

解读分析

诗题"枫桥夜泊"点明了诗歌的内容。"枫桥"是今苏州阊门外的一座桥。"泊"，船只停靠。古代由于条件的限制，船只不具备夜航的能力，出于安全考虑，一般情况下晚上不行船，所以天快黑时，船只必须拣一处码头或渡口停靠，如我们熟悉的"移舟泊烟渚，日暮客愁新"（孟浩然《宿建德江》）、"烟笼寒水月笼纱，夜泊秦淮近酒家"（杜牧《泊秦淮》）等，直到拂晓后才启碇航行。这个晚上，远道而来的诗人——张继的小船就停靠在苏州城外的枫桥边。

开头两句"月落乌啼霜满天，江枫渔火对愁眠"，一个"愁"字定下了全诗的基调。这是一个阴冷霜重的晚上，在船上狭小逼仄的空间里，诗人辗转反侧，无法入睡。眼睁睁地看着月亮由高挂中天到慢慢地落下，耳旁传来岸边树上栖息的乌鸦一声接一声的聒噪。"霜满天"从情理上看似乎是讲不通的，常识告诉我们，"霜"应该是"满地"而不是"满天"，为什么诗人会有这样独特的感觉呢？因为霜是气温降到零摄氏度以下地面才会出现的白色结晶，有霜的晚上应该是深秋或初冬时节，而诗人的客船当时正停靠在枫桥边，夜越深，霜越重，刺骨的寒意穿过透风的船舱和紧裹的衣衫直接浸入体内，这使他感到这漆黑的夜里白茫茫、冷飕飕的寒霜似乎触手可及。所谓境由心造，"月落""乌啼""霜满天"这些夜泊枫桥所见、所闻、所感的景物描写无不带着漂泊异乡的游子愁思的烙印。自然环境的幽暗、凄清，暗合诗人悲凉伤感的心境。此时此刻，无朋友可以倾诉，无杜康可以解忧，只有江边落叶的枫树，船上昏黄的渔火，陪伴着孤独的"我"一夜无眠。愁眠，因愁而未能入睡。我们不知道张继今夜为何无法入眠，是科举不第的失落？是前途未卜的悬想？还是羁旅愁思的情怀？

"姑苏城外寒山寺，夜半钟声到客船"，姑苏，苏州的别称。寒山寺，位于苏州阊门外枫桥镇江村桥旁的一座古寺，因唐初著名诗僧寒山曾住在这里而得名。夜半敲钟，是唐代寺院的惯例。似醒似睡之间，寒山寺里响起了夜半的钟声，在这万籁俱寂中，绵长而悠远的钟声一下接一下地传入诗人的耳膜，撞击着他的心灵，不但使诗人备感凄凉无助，又添一段新愁，也使本来就静谧的夜晚更加寂静无声，诗人以动衬静，营造出空灵、隽永的意境。

沈祖棻教授解读此诗时曾说，按照顺序，应当是先因客愁而睡不着，只好躺着（即所谓愁眠），然后看到江枫渔火，听到夜半钟声，最后才接触到天快亮时的落月、啼乌、霜气。然而为了突出一夜愁眠，诗人却将生活中所发生的事件的次序，重新作了安排，将最后发生的放在最前面，从而获得更好的效果。由此可见，艺术创作有其特殊的规律。而这些规律，教师需要有所选择地传授给学生，使他们掌握一些基本的读诗方法，以利于今后自学自悟。

🔵 片段设计

1. 体会字词

（1）读了这首诗后，请大家找一找，诗中写到了哪些景物。

月落、乌、江枫、霜、渔火、钟、客船、寒山寺。

（2）在这些字词前面加上合适的修饰语，并说明理由。由简到繁的扩充练习能帮助学生自悟诗意。教师在指导中，需重点讲清如下内容。

月落：说明天将要亮了。

霜满天：说明当时是秋末冬初的早晨，寒意逼人。

客：说明作者正在旅途中。

寒山寺：说明当时作者地处偏远。

（3）将添加了修饰语的字词连成一段话来说。这个口头表达练习能再次强化学生对诗意的理解。

2. 感受意境

（1）配乐，教师讲述：

明月渐渐落下了，林间的乌鸦从睡梦中醒来，不时啼叫着。已经到了秋末冬初，地上铺了一层白霜。诗人几乎一夜未眠。

提问：诗人为什么未眠？诗中有答案吗？（愁）

提问：诗人在为什么而愁呢？（可能是因为科举失败，可能是因为前途未卜，可能是因为羁旅思乡。）

（2）请大家和着音乐一起来读诗。（学生诵读）

（3）继续讲述：满怀愁绪的诗人在小小的船舱里辗转反侧，不能安眠。情由景生，当时诗人身处怎样的环境之中啊——

（4）学生描述。（这也是对第一个环节的教学效果的检验。）

（5）教师讲述：寂寞的渔火，凄清的古寺，一轮冷月，几下钟声，独自一人，身处其间怎能不愁肠百结啊！请大家再读古诗，细细体会。

3. 领悟方法

（1）听着大家的朗读，我忽然发现，前两句写的是天快亮的情景，后两句写的是半夜的情景。作者为什么要这样做呢？

（2）学生讨论。

发现"疑点"是难点但不是重点，直接由教师说出，可以让学生有更多的时间讨论这么写的好处。当然，如果学生基础好，也可以引导学生来发现。前面两个环节是第三个环节的铺垫，第三个环节的实施能否成功取决于前两个环节能否落实到位。

● **知识链接**

张继（约公元 715 年—779 年），字懿孙，襄州（今湖北襄阳）人。天宝十二年（公元 753 年）进士。他的诗流传下来的不多。除写景物外，也有反映当时兵荒马乱中民生多艰之作。其诗不假雕饰，情致清远。

三

黄鹤楼送孟浩然之广陵

（唐）李 白

故人西辞黄鹤楼，

烟花三月下扬州。

孤帆远影碧空尽，

唯见长江天际流。

解读分析

　　这首诗是在李白刚出四川后不久，漫游吴、越等地后定居湖北安陆时所写。此时的李白激情澎湃，风华正茂，对前途充满信心和希望。首句"故人西辞黄鹤楼"点明了送别的地点，诗人是在黄鹤楼与老朋友孟浩然挥手告别的。为什么是"西辞"呢，因为黄鹤楼在广陵（今扬州）的西面，两地相距数百里，在黄鹤楼辞别去往广陵，所以说"西辞"。"烟花三月下扬州"出现了送行的时节和孟浩然此行的目的地。"烟花"指柳如烟、花似锦的明媚春光，用来形容仲春三月的繁花似锦是再恰当不过的了。位于长江与运河交汇处的扬州，自隋炀帝为赏琼花举天下之力开凿运河以来，就是中国繁华富庶的文化与商业名城。盛唐时期的扬州，物华天宝，人杰地灵，更呈现出欣欣向荣的太平盛世景象。俗谚中说人生的乐事，莫过于"腰缠十万贯，骑鹤下扬州"了，可见那是一个多么令人神往的地方。老朋友孟浩然在这个春光明媚、花团锦簇最宜出游的时节，看着一路的旖旎风光舟行长江，前往那个东南名胜的繁华之地。对此李白是赞赏的，甚至可以说是羡慕的，这两句诗充分表现了他发自内心的愉快与向往之情。

　　后两句"孤帆远影碧空尽，唯见长江天际流"，以写实的手法再现了当时的情景。诗人在黄鹤楼为孟浩然送行，一直目睹着老朋友乘坐的船启碇，挂上风帆，渐行渐远，越来越小，直至帆影最后终于消失在碧水蓝天的尽头。然而李白仍在风中伫立良久，眺望着那水天相接的地方，似乎渴望滚滚东流的长江水满载他的深情和祝福，伴随着友人直达广陵。诗中没有一字提及离别的痛苦和伤感，但我们仍能够强烈地感受到诗人的不舍与惆怅。黄鹤楼所在的武昌是九省通衢之处，长江上舟来船往，上溯下行，日夜不息。孟浩然乘坐的是宽阔的长江上众多帆船中的一艘，"孤帆"并不是说当时长江上只有这一艘船，而是写出了诗人的全部注意力和感情只集中在友人乘坐的那一只帆船上。日常生活中我们也有这样的体会，在迎来送往的机场、车站、码头等人头攒动的地方，我们能够比较容易地发现要寻找的人，也是因为注意力特别集中的缘故。诗人将深厚的友情融汇在笔下雄浑壮阔的自然景色之中，真正达到了情与景的高度统一。

诗中每句都各用一个动词"辞""下""尽""流"，这些充满动感的词语不但带来了时空上的转换，更使诗歌本身具有一种气势磅礴、空灵翩然的势态，营造出幽深高远、雄浑壮阔的意境。清人沈德潜在《唐诗别裁》中品评李太白七绝的艺术特色时说："七言绝句以语近情遥，含吐不露为贵。只眼前景，口头语而有弦外音，使人神远，太白有焉。"这正是对这首诗创作特点的最好评价。

情景交融是诗歌创作的重要方法。这首诗，明里写景，暗里将诗人的情感蕴含其中。学生从字面上几乎看不出来。此时，教师就要引导学生透过景物，揣摩背后的情感，并且要将自己相关的体验调动起来，与之对接。这样就能让学生走近古人，甚至走进古人的心灵，就能让他们体会到，古人离我们很遥远，但是他们的情感却与我们相同、相通。如此，才能真正实现古诗教学中的情感熏陶的目标。

● 片段设计

1. 猜测感受

这是一首送别诗。根据我们的经验，送别友人亲人的时候，人们的情绪通常会是什么状态的？组织学生交流，调动其生活经历。

2. 揭示情感

听了大家的发言，我想告诉大家，这首诗和一般伤感的送别诗有些不同。

（1）请大家按照平仄规律来朗读这首诗。及时指导，初步从音韵上猜测作者当时的情绪。

（2）出示已学的《送元二使安西》，请大家比较一下，说说它们的不同。通过讨论，逐步揭示出作者当时并不伤感。

3. 体味验证

（1）从诗中找出关于景物的关键词。

古人写诗，常常要借景抒情。景语即情语。既然作者送别友人时没有什么悲伤，那么他的情绪是怎么样的？我们研究一下诗中关于景物的关键词，就能找到答案。组织学生轻读诗句，勾画关于景色的关键词。

（烟花三月　孤帆　远影　碧空　长江　天际流）

（2）根据学生的回答，随机分析关键词。

①烟花三月：阳春三月，柳如烟、花似锦的明媚春光。

扬州在当时是一个繁华的城市，春天到了，那里美极了。对于爱四处游历的李白来说，见到友人去扬州，此时他会怎么想？

②孤帆：孤零零的一只船；

远影：很远的影子；

碧空：晴朗的天空。

宽阔的长江自古就是重要的航运通道，江面上应该是船来船往才对，怎么会只有友人乘坐的小船呢？真的没有别的船吗？如果有，为什么作者只看到朋友的船？这说明什么？

③长江天际流：水天相接，长江好像流到了天边。

朋友的小船已经消失在视线里，按常理，诗人可以回去了，可是他回去了吗？从哪里看得出来？

他不回去，而是伫立江边，在想什么呢？

通过对景物的感悟琢磨，我们"破解了一个谜团"。我们发现李白当时的心情。李白在长江边送走友人，心里除了恋恋不舍，还有羡慕之情，他内心其实也很想去扬州看看。

让我们再来读一读这首诗，细心感受一下。

请大家再读一次《送元二使安西》，比较一下。

⚫ 知识链接

李白（公元701年—762年），字太白，号青莲居士。祖籍陇西。唐朝著名浪漫主义诗人，有"诗仙""诗侠"之称。李白"少有逸才，志气宏放，有超世之心"。一生大多在漫游中度过，游迹遍布了大半个中国。有《李太白集》存世。其诗想象新奇，感情强烈，意境奇伟瑰丽，语言清新明快，风格豪放超迈，对后世诗歌创作影响极大。

四

观书有感

（宋）朱　熹

半亩方塘一鉴开，
天光云影共徘徊。
问渠那得清如许？
为有源头活水来。

◉ 解读分析

就题目而言，这首诗是讲作者读书之后的体会的。谈心得，讲道理，一不留神，就可能把诗写成"语录讲义之押韵者"。还好，作者没有这样做，他从生活中捕捉形象，让形象来说话。

前两句"半亩方塘一鉴开，天光云影共徘徊"，这景象让人感觉开阔明朗。虽然"方塘"不大，但它像一面镜子那样澄澈清亮，天光云影，都被它映照出来，闪耀浮动，情态毕见。方塘不大，天空不小，而小中却含着大。水面如同镜子，这是写静态；云影徘徊，这是写动态。一动一静，情趣盎然。十四个字写景，读者读到的不止是画面，还有隐含其中的一片生机。这为后面两句的出现埋下伏笔。

后面两句："问渠那得清如许？为有源头活水来。""渠"指代"方塘"。小小的池塘因为水质清澈，故能印入天光。那么水怎么会清澈的呢？在这里，作者放开视线，跳出池塘，找到了源头活水。这就是"生机"的根源。一问一答，看上去依然说的是景物，可背后已经隐藏了"道理"，隐藏了逻辑推理、思维方式。这道理不是作者硬塞给读者的，而是读者自然而然地感受到的。而且，这"道理"的内涵很丰富，不是专指某一方面的。我们从中可以想到很多，大与小，生与死，长与短等诸多关系。

霍松林先生这样评说，朱熹虽是理学家，但这首诗歌与"语录讲义"很不相同：第一，这是对前两句所描绘的感性形象的理性认识；第二，"清如许"和"源头活水来"，又补充了前面所描绘的感性形象。因此，这是从客观世界提炼出来的富有哲理意味的诗，而不是"哲学讲义"。用古代诗论家的话说，它很有"理趣"而无"理障"。"方塘"由于有"源头活水"不断输入，所以不枯竭，不陈腐，不污浊，深且"清"，"清"得不仅能够反映出"天光云影"，而且能够反映出它们"共徘徊"的细微情态。这就是这首小诗所展现的形象及其思想意义。

启功先生曾言，宋诗是想出来的。宋诗讲究理趣。教宋诗，重在帮助学生了解诗中之理是什么，作者如何表达出来的，对读者有何启发。诗歌透过形象表达道理，教学中教师也要透过形象，让学生自悟自得，训练其思维能力。

片段设计

1. 情景描述

（1）经过刚才的学习，现在谁能用自己的话来说说第一句和第二句描绘的情景。

（2）谁再来说说第三句和第四句描绘的景色。

（通过复述诗歌内容为下一个环节作好铺垫。）

2. 质疑交流

书法家启功先生说，宋诗是想出来的。那么我们在读宋诗时也来想一想，围绕题目，你想到什么疑问了吗？

（1）预设问题：

为什么写的是池塘，却说是"观书有感"？

作者感受到什么？

（2）解决问题：

①猜想作者看书与看池塘的关联。引导学生想象诗人写诗的起因。

（诗人可能在书房里读书累了，走出屋子，休息一下。偶然间，看到了一池清水，又看到一条小溪正将活水注入池中。于是想到了读书求知与这情景有些相像，就起了作诗的念头。）

②请大家把看书和第三句、第四句连在一起体会，猜猜作者感受到什么了？

预设答案：不断地学习就能掌握更多的知识。

还可以引导学生从别的角度来谈，培养他们的多元思维能力。

（3）带着对诗意的领悟齐读古诗。

3. 体会手法

（1）宋诗常常会在字里行间的背后蕴含一个道理。刚才大家已经发现了，奇怪的是，作者既然"有感"，为什么不直接写出来呢？

（2）你能找到诗句与作者想要表达的哲理有什么相似点吗？

（以此培养学生探究事物之间的关联的能力。）

4. 拓展巩固

（1）出示各类照片。

（2）仔细观察照片，思考哪些照片的含义与这首诗相近。

● 知识链接

朱熹（公元 1130 年—1200 年），字元晦，后改仲晦，婺源（今属江西）人，生于福建延平。理学家、教育家。他生性偏激，登第五十年，身经四朝，做官却不满四十日。他是理学家中最富于文学修养的人，对诗文有欣赏能力和独到之见。

五

九月九日忆山东兄弟

（唐）王　维

独在异乡为异客，
每逢佳节倍思亲。

遥知兄弟登高处，

遍插茱萸少一人。

🔘 解读分析

农历九月九日是我国传统的重阳节。《易经》中把"九"定为阳数，九又是数字中最大的数。九月九日，日月并阳，故而叫重阳。"九九"与"久久"同音，含有长寿长久的含意，又正逢一年当中收获的季节，古人认为这是个值得庆贺的吉利日子，所以一向很重视重阳节。重阳登高的习俗在晋朝已经开始，到了唐宋更加兴盛起来。人们在这一天，有佩插茱萸、登高饮菊花酒来避灾的习俗。山东，指华山以东（今山西）作者的家乡蒲州。又是一年菊花黄。诗人在这个传统的节日里，看到周围的人们兴高采烈地出游赏景、佩戴茱萸登高远眺、饮酒祈福，想到自己客居他乡的境遇，"独在异乡为异客"脱口而出。一个"独"字涵盖了"孤独、唯一、只有"这些意思。写诗的人最忌讳一句中用相同的字，王维当然明白这个道理，但这句诗中赫然出现两个"异"字，我们却没有感觉到丝毫的重复和累赘。"异乡"是相对于诗人宦游的背景而言，"异客"是相对于诗人客居的这片土地而言，表达的无非是古典诗歌中常见的游子思乡之情。那么，游子的思乡情什么时候最迫切、最强烈呢？是在繁杂琐碎的公务之余？是在羁旅匆忙的劳顿中？还是在三五知己推杯换盏时？不，这些都不是，诗人告诉我们，"每逢佳节倍思亲"。因为古代的佳节，公务人员也是放假的，这就有了思乡的闲暇，同僚、朋友都热热闹闹地回家团聚了，只剩下自己独自一人孤零零地咀嚼思乡的苦味。"每逢"和"倍"这三个字，将平时无时无刻不思之情有力地表现出来了。

"遥知兄弟登高处，遍插茱萸少一人。"茱萸是一种有浓烈香气的植物，据说可以祛邪、避灾，古人重阳节有佩插茱萸的风俗。这两句是诗人的想象。遥想着此时此刻千里之外的故乡，家族里的兄弟们应该是成群结伴、佩戴茱萸、登高饮酒，欢聚佳节了吧，欢乐的盛宴唯独缺少我一人，越想心里就越发不是滋味。写的是自己思乡，却又笔锋一转，写兄弟思念自己，还设想出一个动人情节，就此更凸显了自己的情感。

"每逢佳节倍思亲"，用字精确，使意思转深，因此成了广为传诵的名句。诗人对常见的游子思乡主题进行了细致入微地刻画和升华。每逢佳节，离家在外的游子都是最孤独、最寂寞、最难过的，如果说平时尚有朋友可以互诉衷肠，那么在众人欢乐我独愁的节日里，游子们内心的郁闷，又能向谁诉说呢？只好加倍地，更加刻骨铭心地思念故乡和亲人了。王维巧妙地捕捉了在"佳节"的背景下与"独""异""一"的对比映衬，构成独到的意境，使得这句来源生活又高于生活的名句，在普天下游子的心中产生了强烈的共鸣。

我以为确定古诗教学目标宜从文字、想象力、情感三个角度去思考。这首诗中的用字就很有讲头。教学中，选择几个关键字讲透彻，传授好方法，然后再组织学生运用巩固。如此反复练习，学生的语感就会越来越好。这样，提升的就不只是鉴赏古诗的能力，而是语文综合水平。

片段设计

1. 举例示范

（1）出示"独在异乡为异客"，请同学们从遣词造句的角度找一找这句诗的特别之处。

（2）这句诗里用了两个"异"字。通常，在写诗的时候，诗人会比较忌讳用相同的字。但一旦用了，就必定会有特殊的效果。

（3）解释"异乡""异客"。

异乡：当时作者在外地做官，对故乡而言，外地便是异乡了。

异客：对外地而言，作者是客居在那里的异乡人。

（4）用了两个"异"到底有什么好处呢？先不着急找答案。请看"独"这个字。

请学生朗读诗句。

交流"独"的意思。（孤独、孤单）

（5）把"独"和两个"异"放在一句诗中，你感受到什么？

先朗读，比较句子再说体会：独在异乡为异客

　　　　　　　　　　　　身在他乡为异客

（使用两个"异"字能更强烈地表达作者的思乡之情。）

（6）小结：两个"异"字写出了诗人对他乡的距离感，写出了对故乡、对亲人的思念。如果只用一个"异"，读者也可以读出作者的思乡之情，但用了两个"异"后，从音律和意思上都能把作者情感表达得更真切强烈。所以，研究关键字词的意思和用法，能让我们更好地感受作者在诗中表达的情感。

2.尝试运用

（1）出示"每逢佳节倍思亲"，找出诗句中的关键词。

（每逢　倍）

（2）请使用刚才学的辨析字义的方法，先解释字义，再分析它们的含义、作用。（这两个字词较容易理解，教学时应大胆放手尽可能多地让学生充分交流，以便他们成功体验所学方法。）

（3）小结："每逢"和"倍"这三个字，将平时无时无刻不思之情有力地表现出来了。

（4）带着理解到的意思，朗读诗句。

3.迁移巩固

（1）出示第三、第四句诗，找出诗句中的关键词。（遥知　少一人）

（2）作者想念故乡的亲人，想着想着，眼前仿佛出现一个兄弟们登高眺望的情景。请同学们结合诗句以及有关"登高""茱萸"的注释来设想，故乡的亲人在什么时间，什么地方，做了什么？同桌之间先讨论一下。

（3）邀请学生交流想象出来的兄弟登高时的情景。指导学生说清楚兄弟们发现"少一人"时的情形。

提示：怎么会发现少一人的？发现之后会说些什么？

（这个环节变辨析说明词义为将辨析出来的词义整合到情景的想象表达中。这既巩固了已学的方法，又使教学层次有了递进。）

（4）明明要表达自己思乡，可写得却是想象兄弟们在思念自己。为什么要这样写呢？

（在想象表达的基础上，引导学生体会作者创作手法的巧妙。）

王维（公元 701 年—761 年），字摩诘。太原祁（今山西祁县）人，后其父迁家于蒲州（今山西永济县），遂为河东人。他在十五岁就开始作诗，名篇如《洛阳女儿行》《九月九日忆山东兄弟》就是在十六七岁时写的。但真正能代表他作品特色的却是晚年的山水诗。寻常的一点云彩，一片竹林，一条溪流，在他笔下都有鲜明的个性，他在当时的诗坛开拓了自己的艺术天地，形成了一种流派。除了诗，他还擅长书画，精通音乐，这些和他的山水诗有互相参通之处。

六

望洞庭

（唐）刘禹锡

湖光秋月两相和，

潭面无风镜未磨。

遥望洞庭山水色，

白银盘里一青螺。

解读分析

因参加"永贞革新"，刘禹锡不为权贵所容，屡次左迁，而且一次比一次贬得荒凉、偏远。这二十多年间他曾多次路过洞庭，这首诗是他在长庆四年（公元 824 年）八月从夔州刺史转历阳（和州）刺史的任上途经洞庭所写。中国古代文人有伤秋、悲秋的传统，刘禹锡却反其道而行之，"自古逢秋悲寂寥，我言秋色胜春朝"（《秋词》），盛赞了秋的明朗澄净，《望洞庭》独出心裁地选择了在秋季的月夜遥望洞庭的山光水色，通过丰富的想象、巧妙的比喻，再现了月下洞庭的美景。

洞庭即洞庭湖，在湖南省北部，长江南岸。开头两句"湖光秋月两相和，潭面无风镜未磨"，秋月映照下的八百里洞庭湖波光粼粼，水天一色，一个"和"字用得特别好。"和"就是和谐、和美，恰到好处。湖光和秋月水乳交融合为一体，简直就是一幅"江天一色无纤尘，皎皎空中孤月轮"（张若虚《春江花月夜》）的工笔画，营造出空灵朦胧、宁静和谐的氛围。无风的时候，浩瀚的湖面水波不兴，平静得就像那未经打磨的铜镜，暗淡少光却不失平滑。洞庭湖中有不少山，其中最著名的是君山。接下来两句"遥望洞庭山水色，白银盘里一青螺"，这里的"山水"实际只是指山，即湖中的君山，"水"仅仅是衬字，"山水"属于古代汉语中"偏义复词"的用法。"偏义复词"都是双音节词，到底偏哪一个意，要根据语素间的逻辑关系及上下文的语意来进行识别。如白居易《琵琶行》中有"去来江口守空船，绕船月明江水寒"，此处的"去来"实际只是指去，"来"仅仅是衬字。诗人从大处落墨，化出远景，视线从波澜不惊的浩淼水面抬起，定格在湖中著名的君山上。由于"遥望"，正所谓距离产生美，在诗人眼里，笼罩在月色下的君山显得格外苍翠。如果把平静、苍茫、无垠的洞庭湖看作是一只素白的银盘的话，那么浮在湖面的、外表呈螺旋状的黛绿色君山恰恰就是躺在这银盘上的一颗小巧玲珑的青螺。这里，诗人用惊人的想象，大胆的夸张，贴切的比喻把大自然鬼斧神工的杰作转化为一件精致的工艺品，使人们不由得啧啧称奇。当然，在教学中我们不需要出现那些语法术语。对这类写景诗的解读，重在帮助学生体会比喻，发挥想象，设想画面。然后再回到古诗，通过反复诵读，体悟作者构思的精妙。

　　"白银盘里一青螺"是这首诗的名句。诗人准确地抓住了景物的形象和特征，视大为小，举重若轻，联想丰富，感染力强。在湖光秋月交相辉映、情调和谐的背景下，八百里洞庭湖如同一只银盘，取其在月下无风时的缥缈和平静；有大小七十二峰的君山，却仅仅是这只银盘里的小小的青螺。这是夸张手法里的缩小夸张，与我们常见的"一川碎石大如斗，随风满地石乱走"（岑参《走马川行奉送封大夫出师西征》）的扩大夸张正好相反。这样匪夷所思的描写，看似信手拈来，实则深思熟虑，表明作者功力之精深老到。

1. 叙述导入

听着同学们刚才的诵读，我的眼前仿佛出现了一幅画面。这是多么美好的画面啊！静静的水面上，映着月亮的倒影。没有风，水波不兴，那水面就是一面光亮的铜镜子啊。借着月光，依稀可以看到远处的小山。

2. 据诗作画

（1）如果要把这首诗画成一幅画，你觉得需要画些什么？

答案预设：湖水、小山、月亮、树木、渔船……

（2）大家提到了这么些景物，在画面上怎么放才能让画面充满美感呢？

通过讨论，梳理出"远近、大小"等不同视角。

（3）在这首诗中，景物也有远近、大小、动静的不同，找一找，交流一下。

（4）诗人写景是很讲究的。他们会选择不同角度描述景物，用最少的字表达最丰富的信息。诗如画，画如诗。有的时候，诗还能让你感受到画中表现不出的动感。让你看到动作，听到声音，闻到气味。所以，有时读一首诗，我们要调动所有感官才行。

3. 体悟手法

（1）让我们和上音乐再次诵读，边读边想象诗中的美景。

（2）前面说到了大和小。有时，诗人会描写两样东西，读者一读就比出大小。而这首诗中的"大小"却有些特别。（出示"白银盘里一青螺"）

"白银盘"指什么？"青螺"指什么？

为什么宽阔的湖面，拥有七十二峰的君山在作者眼中由大变小了呢？从诗中找答案。（遥望）

作者的想象力真奇特，因为站得远，看得全，就把自然界里的山水看作了盘子和青螺。作者眼中的风景不仅美，而且很有趣味。我们虽然没有到过洞庭湖，可是，读了这诗，对洞庭山水的特点，也有了大致的印象。（对最后一句诗的写作手法的理解是难点，学生不一定能读出其中的奥妙，所以设置了这个环节。如果能在第二部分的讨论中提到，那自然最好了。）

🔘 知识链接

刘禹锡（公元772年—842年），字梦得，洛阳（今属河南）人。《旧唐书》作彭城人，长于江南。贞元进士。与柳宗元同榜。他是诗人，又是思想家。他有远大的抱负，却屡遭贬斥，因而诗歌也多桀骜之气，常借虫鸟以讽世。"沉舟侧畔千帆过，病树前头万木春"，可看作他对横逆的态度。怀古诗也低徊沉着，启人遐想。他的竹枝词，自己是很重视的，也说明他对民间文学的态度，如"东边日出西边雨，道是无晴还有晴"，在艺术上能自创一格。他对下层民众喜闻乐见的事物，能大胆接受。长期的流放生活，使他呼吸了更多的泥土气息，视野因而更开阔。

七

寻隐者不遇

（唐）贾　岛

松下问童子，
言师采药去。
只在此山中，
云深不知处。

🔘 解读分析

《寻隐者不遇》全诗由对话组成，是作者精巧构思、仔细推敲的杰作。隐者是我国古代一个特殊的群体，指不肯做官而隐居山野的人。这些人大多非常自负，满腹才华，但往往认为世道不好，或者国君的做法不对自己胃口，因此只独善其身而不兼济天下。诗人慕名去寻访隐者，无缘得见，于是"松下问童子"。清幽的"松下"是隐者离群索居的避世之所，四季常青、挺拔高耸的松树衬托出隐者卓尔不群的形象。后面三句全是童子的回答。并不是那看家的童子饶舌，问一答三，连珠炮似地迸出那么多的话，而是在来人的一再询问之下才应答的，只不过问题囿于诗歌的篇幅省略了而已。童子首先告诉来人——师父"采药"去了。隐者一般都过着简单朴素的生活，每天除了"独坐幽篁里，弹琴复长啸"（王维《竹里馆》）的读书修身和"谈笑有鸿儒，往来无白丁"（刘禹锡《陋室铭》）的参禅论道外，"采药"也是他们常做的事，至于采的是治病和保健的中草药，还是据说服用后能够得道升天的长生不老药，都符合隐者的身份。毕竟来一趟不容易。到哪里采药呀？"只在此山中"交代了师父的大致去向，究竟在这座山的什么地方？来人大有不达目的不罢休的样子。童子答道"云深不知处"，山中云雾弥漫，影影绰绰。既然是去采药，哪里生长着所需的药就往哪里去，上山爬坡，行踪不定，也不知他现在到了哪里。

诗人所要寻访的隐者始终没有出现，但他的神态、他的气息、他的品格无不透过对话传递给了读者。记住这首诗只需牢记每一句的意象——"松""药""山"和"云"四个字即可。"松"寓意他高洁的风骨，"药"隐含他行止的超凡脱俗，"山"揭示他得其所哉的避世环境，"云"写意他闲云野鹤般的悠闲自在。显然，这位隐者是一个道家。记住这四个字，隐者高山仰止的形象和风度就鲜活地显现出来了。而这四个字同样也是教学的重点、切入点。古诗中常会隐含一些民俗知识、传统文化常识。因此，在指导学生读诗，体味情感，发展想象力的同时，还应该适时地发掘文化层面的信息，传递给学生，使其由了解、接受到浸润其中。当民族文化逐步渗透到其言行举止、思维方式、价值观中后，学生就能成为真正的文化意义上的中国人。

● 片段设计

1. 分组自学

（1）事先将学生分成四人小组。一人为组长，组织自学活动，一人负责记录，一人负责交流，一人负责管理资料。

（2）每个小组分得若干资料。

①一份标有平仄记号的古诗文本。

②一份贾岛简介。

③一张高士山居题材的水墨画。

④一份关于隐士文化的资料。

（隐者是我国古代一个特殊的群体，指不肯做官而隐居山野的人。这些人大多非常自负，满腹才华，但往往认为世道不好，或者国君的做法不对自己胃口，因此就选择山林茂密、风景秀丽、云雾迷蒙的地方隐居。平时，隐者们读书、写字、静坐，修炼身心。他们也会耕种、垂钓，上山采药，以满足日常生活所需。古人认为竹子、松柏是风格高雅的植物，所以常常会在自己的住处旁栽种它们。有些隐者还会收一些小孩子当徒弟，可以帮着料理家务。）

（3）用学习单布置自学任务。

表2　学习任务单

第（　　）小组

学习任务	如果完成请打"√"，如果没有完成请打"？"并简单说明未完成的原因。
1.全体组员用学过的方法，自读古诗。	
2.小组合作，理解古诗大意。	
3.根据资料，从诗中找出能代表隐者特征的关键字（数量不限），写在下面：	

（教师巡视指导）

2.交流反馈

（1）检查朗读。以小组为单位朗读古诗。辅以个人读和全班齐读。

（2）检查理解诗歌大意。以小组为单位，由负责交流的学生回答，其他组员补充。

（3）检查找关键词。每个小组交流找出的关键词，并结合各种材料来说明原因。

归纳：

"松"代表隐者高洁的风骨。

"药"隐含着隐者行为超凡脱俗。（隐者采药不只为治病，更是为养生修炼。）

"山"揭示隐者居住的环境。

"云"象征隐者悠闲自在的生活。

（4）交流小组学习的心得。

传递文化信息，一种是直接说教，一种是让学生自行体验。不必在意学得多深入，只求留下印象，能成为今后学习的兴趣源泉。上述环节，采用了第二种办法。从不同角度提供学习资料，从不同层次设计少而精的学习任务，并且安排好小组分工，以保障学生顺利合作完成自学任务。再通过对应的检查反馈以及对学习过程的回顾，帮助学生巩固自学到的知识，教师亦能有效传授新知，并使学生对新的学习方式加深认同。

知识链接

贾岛（公元779年—843年），字浪仙，一作阆仙。范阳（今北京市）人。初为僧，韩愈劝之还俗。屡举不第。唐文宗时为长江（今四川蓬溪县）主簿，故世称贾长江。

贾岛是所谓苦吟诗人，诗风以清奇幽峭见称，颇为韩愈赏识，韩愈的《赠贾岛》云："孟郊死葬北邙山，从此风云得暂闲。天恐文章浑断绝，更生贾岛著人间。"其推崇可知。由于求奇僻求瘦硬，诗的情调也多阴沉峭冽，缺少强烈的感染力。但他的影响却极深远，晚唐五代，南宋的"永嘉四灵"和江湖派，晚明的竟陵派，都受到影响。

贾岛的有些诗却也朴素自然。他的《送无可上人》诗有"独行潭底影，数息树边身"句，其下自注道："二句三年得，一吟双泪流。知音如不赏，归卧故山秋。"也许诗人在构思过程中确实经过苦心冥索，但就诗论诗，也还算平易明白。宋魏泰在《临汉隐居诗话》中就曾说："不知此二句有何难道，至于三年始成，而一吟泪下也？"

八

所　见

（清）袁　枚

牧童骑黄牛，
歌声振林樾。
意欲捕鸣蝉，
忽然闭口立。

解读分析

"所见"，即诗人偶然看到的一幅生活画面。人们常说，生活中不是缺少美，而是缺少发现美的眼睛。只要善于观察，用心感受，总能发现生活中的真、善、美。这首诗描写的就是生活中的美好。看，一个画面正在我们面前展开——

一个牧童斜坐在黄牛背上，黄牛慢慢地在林间漫步，不时停下来，啃食几口鲜草。牧童手拿竹笛，忽而吹出一首欢快的曲子，忽而干脆放下笛子，引吭高歌。这歌声时而低沉婉转，时而高亢明亮，好像把整个树林都给震动了。突然，牧童停止了歌唱，他慢慢地站起来，眼睛直直地盯着头顶上方的树枝。哦，原来树枝上停着一只知了，它正大声地叫着。看，牧童慢慢地伸出了手，想要抓住它。

这情景，被诗人看在眼里，写进诗中。诗人先写动态。牧童骑坐牛背，大声唱歌，真是悠闲自得极了。然后写小牧童捕蝉，按理捕蝉依然应该通过动态来表现，可是作者却别出心裁，通过静态来写。牧童屏住呼吸，眼望鸣蝉，那神情真专注啊！这从动到静的变化，写得既突然又自然，把小牧童天真烂漫、好奇有趣的形象，表现得活灵活现。后来，小牧童怎样捕蝉，是否捕到，诗人都没有写，留给读者去想象了。全诗用字简洁，由动到静，节奏起伏，很是吸引人。诗人虽写的是一个牧童，但同时也表达了对自然闲适的生活状态的向往。

读古诗，需要想象力。反过来，古诗也是发展学生想象力的重要媒介。那么该如何做呢？最常用的方法是将有画面感、有情节的古诗改写成小故事。在了解诗意之后，教师分步骤引导学生联系生活体验，由简到繁地进行合理想象。激发学生的创作欲望，让其沉浸在创作的愉悦之中。这样，学生的想象力、表达能力都会得到提高。

● **片段设计**

1. 表演情境

（1）刚才我们读了诗，了解了诗歌大意。这首诗就是一个有趣的小故事，所以我想邀请一些同学上来，把诗里面的意思表演出来。

（2）选择一个同学上台，准备一把小椅子做道具。布置要求：台下的同学读诗，读得慢一些。台上的同学根据诗意来表演。表演的同学可以"自说自话"，以表达自己的想法。

（3）学生表演（学生表演过程中，要有即时性的指导，对表演精彩的地方要及时点评。尽量多邀请一些同学表演，并通过指导，使表演的质量越来越好，与诗歌大意越来越贴近）。

预设指导性提问：

牧童骑在黄牛背上会做什么？会有怎么样的表情？

牧童如何发现藏在树叶间的知了的？会怎么想？

牧童闭口立的时候，会做什么动作？

（这些提示是对下个环节写段内容讨论的铺垫。）

2. 讨论写段

（1）写什么。

看了同学们的表演，如果请大家把这首诗改写成一个小故事，你会写哪些内容？重点写什么？为什么？（将学生交流的内容分成"发现知了前、发现知了时、发现知了后"三个部分分开板书。）

（2）怎么写。

选择上面提到的三个部分中的前两个部分，组织讨论，梳理出牧童动作、神态细节。板书关键词，供学生参考。

（3）选择片段，辅导学生进行口述。

3.学生练习

（1）把自己当作牧童，写一个小故事。（如果你想把自己当作诗人来写这个故事，也可以。那样难度更高些。）

（2）教师巡视指导（指导之后，为不同层次的学生提供更大的习作空间）。

4.交流讲评

评价标准（评价标准是对学生完成作业情况的参照。不做评分用。评价应以鼓励为主，关注不同基础的学生在原有基础上的发展）：

（1）只能逐句翻译诗歌。

（2）能结合诗意进行一定的想象，表达清通。

（3）能结合诗意展开合理想象，细节生动，表达流畅。

● 知识链接

袁枚（公元1716年—1797年），字子才，号简斋。清代诗人、诗论家。钱塘（今浙江杭州）人。晚年自号仓山居士。著有《小仓山房集》《随园诗话》及《补遗》《子不语》等。袁枚是清代乾隆、嘉庆时期的代表诗人之一，与赵翼、蒋士铨并称乾隆三大家。他活跃诗坛六十余年，存诗四千余首，基本上体现了他所主张的"性灵说"，有独特的风格和一定的成就。

《惠崇春江晓景》课堂实录

《惠崇春江晓景》是一首题画诗。前三句描写在画上见到的景物，最后一句写作者的联想。虽然原画已见不到，但丰子恺先生正好画了与诗相配的漫画，就安排了看漫画猜测诗歌内容的环节。在指导朗读之后，组织学生讨论不理解的字词意思。然后引导学生体会诗中描写春天的景物，以及景物之间的多元关系，以此加深对诗意的理解。最后出示补充资料，让学生明白作者的联想从何而来。

第一板块　故事引入

师：上课之前，我听大家背了许多古诗，背得非常熟，声音响亮，口齿清楚。

今天我们要学一首课外的古诗。它的作者是苏轼，宋朝的大文学家，大书画家。他有一个别号，叫东坡居士，所以别人也把他叫作苏东坡。听说过吗？

生：听说过。

师：北宋有个和尚，叫惠崇，是个画家，也是诗人。惠崇曾画了一幅画，题为《春江晓景》。后来，苏东坡看到了，就为此画写了一首诗，就是《惠崇春江晓景》。时间过去了九百多年，那幅画已经不见了，但这首诗留下来了，而且脍炙人口，广为传颂。几十年前，有个大画家叫丰子恺，他根据这首诗重新画了一幅漫画，给它取了一个名字，叫作"春江水暖"。同学们，我们现在观赏这幅漫画，猜一猜，苏轼在诗里会写哪些春天的景物？

生1：他会写鸭子。

师：有可能啊。

生2：他会写柳树。

生3：可能会写到一些桃花。

生4：会写江边的房子。

生5：可能写了刚露出头的小草。

师：是啊，这是春天非常有代表性的景物。

生6：还有春笋。

生7：还有可能写到春雨。

师：春雨细如丝，春雨贵如油。最近上海就下了很长时间的春雨。大家的想象力非常丰富，有的从植物上来讲，有的从季节、气候这个角度来说，很好！

老师把苏东坡在惠崇的画上看到的内容打出来。

（出示诗歌的前三句，学生齐读。）

师：如果说前三句作者写了看到的内容，那么作者在第四句写的是什么内容呢？

生：我猜是想到的内容。

师：为什么这样猜？

生：因为老师经常说，看到的，想到的。

师：现在我们把这首诗补充完整。

第二板块　初学古诗

师：先听老师读诗。（教师朗读古诗）

我再读一遍，仔细听好那些不认识的字的读音。（教师再读古诗）

同学们是不是已经发现老师的读法与大家平时的读法不一样？

生1：我看到屏幕上每个字下面都有一条竖线或者一条横线，有些有横线的字，老师拖长音。

师：很聪明，学习就是要注意观察。你发现了老师屏幕上的一个很重要的细节。

生2：我发现押韵的字，老师也是念长音的。

生3：标竖线的字读得很果断。

师：很果断，字音很短促。

生4：标竖线的字要读得短一点，标横线的字要一口气念完，要念长一点。

师：我们现在学习的古诗大都是格律诗。念格律诗，如果碰到第二、第四、第六个字下面是横线，那就是平声字，要读得长一些。如果第二、第四、第六个字下面是竖线，那就是仄声字，要读得短促一些，这样就能读出格律诗特有的节奏。好，学着老师的朗读，自己来试试看。

（学生自己试读）

师：谁愿意示范读？

（生1朗读一遍）

师：有几个字音没有读准，不要紧，我们一起来帮助你。

（生2朗读一遍）

师：如果你的语速再慢一点，就更好了。和老师一起读。

（师生齐读古诗）

（学生齐读古诗）

师：进步很大。大家在读诗时，有哪些不理解的字词？

生1：什么是蒌蒿？

师：哪位同学可以解答？

生 2：蒌蒿是一种植物，可以吃的。

师：你怎么知道？

生 2：我尝过的。

师：原来如此。（学生笑）

生 3：什么是河豚？

生 4：河豚是一种鱼，吃起来很鲜美。

生 5：如果弄得不干净的话，会导致人中毒的。

师：河豚在春天的时候会从海里洄游到江水里产卵。这种鱼不大，味道极为鲜美。黄浦江里就有。但它的血液、肝脏有剧毒，人吃了，会中毒而亡。不过，因为它的味道实在太好了，所以馋嘴的人总想吃。有一句话叫作：拼死吃河豚。

生 5：我还有一个问题，什么是"欲上时"？

师：你的问题很有质量，谁能解答？

生 6：就是"最好的时候"。

生 7：就是"它现在是最多的时候"。

师："欲上时"就是河豚逆流而上回到江里的时候。

我也有一个问题，和大家分享。为什么看到了前面的那些景物，苏轼只想到了河豚？

第三板块　读懂古诗

师：这是写春天的诗，在这首诗里，你通过哪些字、词感受春天的信息？

生 1："桃花"两字能让我感受到春天。

生 2：看到"水暖"我就知道春天来了。

生 3：我觉得"春江"这两个字可以看出春天。

生 4：还有"蒌蒿满地"……

师：为什么？

生 4：因为蒌蒿都那么多了，说明春天来了。

生5：还有河豚欲上时，说明河豚都知道春天来了。

生6：还有芦芽。

师：知道什么是芦芽吗？

生7：是刚刚生出来的芦笋。

生8：还有"三两枝"也可以看出春天来了。

师：为什么？

生8：因为是"三两枝"，说明植物开始生长了。

师：同学们说得非常好。让我们一起朗读这首诗，一边读，一边想象诗中景物构成的画面。

（生齐读）

师：江南的春天，小草钻出土壤。树木萌发嫩芽，竹子正在拔节。一群鸭子在江水里欢快地游着。岸边的蒌蒿正成片生长。让我们再读一遍。

（生再次齐读）

师：你看到了什么？

生1：我看到小草在发芽。

师：你看到了什么？

生2：我看到鸭子在水里游泳。

师：多么富有动感的画面。你看到了什么？

生3：我看到了桃花，桃花正在绽放。

生4：我看到了满地的蒌蒿，竹子旁边还生出了几棵嫩嫩的竹笋。

师：多美好的画面。

生5：我看到了春天的溪水。

师：潺潺的溪水慢慢地流淌。

生6：我看到了翠绿的竹子在生长。

师：说得真好。竹子翠绿，桃花粉红，江水清澈，还有白色的鸭子。多么丰富的颜色。这不正是春天的特点吗？

这么多景物，要画在一幅画上，该如何安排它们的位置呢？哪些画得远些，哪些画得近些？

生1：桃花和柳树画在远一些的地方。

生2：蒌蒿、芦芽要画得近一点。

师：为什么这样安排呢？

生2：因为芦芽很短，要离得近才能看到。

师：同学们想到了远与近。好厉害。除了远与近，还能从诗中看到什么？

生1：我看到了植物与动物。

生2：我看到高和低。桃树是高的，蒌蒿是低的。

生3：我看到多和少。桃花很少，蒌蒿很多。

师：同学们说得真好啊！一首小诗，竟然能让我们从这么多角度来欣赏，真是奇妙啊。请大家听我来诵读这首小诗。（配乐朗读）

请大家跟着音乐一起来读。

（学生齐读）

师：还记得老师刚才分享的疑问吗？为什么诗人会想到河豚？

（出示课件）

河豚宜与蒌蒿、荻笋同煮。

——《本草纲目》

注：荻（dí）笋即芦芽

师：《本草纲目》是一本伟大的医药书。看了这个小资料，大家猜到答案了吗？

生：我知道了，蒌蒿和芦芽可以解毒，所以要与河豚一起煮。

师：是的。难怪苏轼会见到蒌蒿就想到河豚。

这节课我们学习了一首小诗，大家根据自己的经验理解了诗意，还学会了从不同角度欣赏它。希望以后大家读诗时能用到这个方法。

下课。

《江南春》课堂实录

设计说明

　　《江南春》是上海版四年级教材中的一首古诗。诗意浅近而隽永。因此先让学生自己阅读背景材料，并交流。然后通过指导朗读，了解平仄、停顿等知识，初步理解诗歌内容。再通过辨析课外资料，用不同感官来感受诗中景物，加深对诗意的理解。最后用拓展说话练习关联古诗与现实生活。

课堂实录

第一板块　情境引入

（师生问好）

师：老师在屏幕上打上了几张照片，仔细看一看，能不能猜得出这些照片是在什么季节拍摄的？不单单要告诉我什么季节，而且要告诉我从什么细小的地方判断出来的。

生：是春天，我是从照片上的花和柳树知道的。

师：花红柳绿是春天的象征和标志。

生：我从图片上看到天气非常晴朗。我觉得春天一般都是这样子的，所以我判断出这些图片是在春天拍的。

师：春天也是多雨的。

生：我从左下角那张图上看出柳条已经发芽了，一般柳条是在春天才会发芽。

师：图上有没有你们熟悉的景物啊？

生：右下角的照片是七宝。（笔者注：上课学生来自七宝镇上的一所小学。）

师：对的。七宝是江南古镇，有将近千年的历史。长江以南大片的地区叫"江南"。今天我们要学习一首关于江南春天的古诗。请大家小声地快速地读一读老师发给大家的讲义。

（学生小声读讲义）

第二板块　学会按照平仄诵读古诗

师：哪位同学来告诉我，你读懂了什么？

生：我知道了《江南春》的作者杜牧是晚唐的著名诗人，与另外一位晚唐杰出诗人李商隐并称"小李杜"。

生：我知道了在公元420年到589年的南朝建立了大批佛教寺院。

师：知道了一个历史小知识。

生：我还知道了南朝一共有四个朝代，是宋、齐、梁、陈。

师：这也是一个小知识。读得非常仔细。

生：我知道了南朝是从公元420年到589年。

师：这个时间段和这首诗还是有着很重要的关系。同学们刚才说到的都是和这首诗有关系的一些背景资料。我们一起来读这首诗。

（学生读《江南春》）

师：听了同学们的朗读，老师也想读一读。不过，老师的读法可能和你们有些不同哦，请大家仔细听，然后告诉我，老师的读法不同在哪里？

（教师读诗）

生：老师读得有快有慢。

生：我们是四个字连在一起读，然后断一断，再读后面三个字。老师不是这样读的，有时候，前面两个字停一停再读后面，有时候前面连在一起，后面读得慢了。

师：这个同学听得真仔细，她先说自己的读法是四个字三个字这样停顿，而老师的停顿不一样。对呀，读古诗要注意停顿（板书）。我们可以怎么停呢？有好几种方法，老师这里介绍一种，你可以用最方便的二二二一（板书）这样来停。

生：我听出，"千"下面是一个横，就声音长一点，"里"下面是一竖，就读快一点。

师：这叫作"平仄"（板书），我们今天学习的古诗，也叫格律诗。在古诗当中，我们把现在普通话里的第一声和第二声称为"平声"，用横线表示。它们比较舒展、平缓，当然也有个别的第一声和第二声的字发生了变化，这个我们暂时不讲。那么第三声和第四声的字，叫"仄声"（板书），用竖线表示。它比较短促、有力，读得快一点。在我们停顿的时候，特别要注意第二个字、第四个字、第六个字（板书），如果它们是平声，我们要读得长一些，如果这些位置上的字是仄声，我们要读得短一些。

生：我还发现老师读的时候有轻有重。

师：诗里包含着情感，所以要跟着诗人的情感有轻有重地读。

生：我发现老师读的时候，每句后面都会有停顿，停顿好长时间才接着读第二句。

师：（笑）呵呵，句子与句子之间也要停顿。好，同学们，想学一学这样的读法吗？谁来试试？

生：千里莺啼绿映红。

师：有点味道了，不过有一个字没有读准，不要着急。停顿时要换气。千里——莺啼（拖长）——换气，绿映——红（示范），试试看！

生：千里——莺啼——绿映——红。（有明显进步）

师：对，好多了。

生：千里——莺啼——绿映——红。

师：你读准确了，而且读得很有情感。

生：千里——莺啼——绿映——红（响亮而有激情）。

师：真好！第二句谁愿意试试看？

生：水村——山郭——酒旗——风。

师：这句其实很难读，要注意在停顿时换气。

（学生练习读诗句）

师：后面两句谁愿意一起来读？

生：南朝——四百——八十——寺，多少——楼台——烟雨——中。

师："台"字再长一点，试试看！

生：多少——楼台——烟雨——中。

（学生练习读诗句）

师：我们一起来，边读边看老师的手势。

（学生按照平仄读诗）

师：很好，给自己掌声。第一遍就读得这么好。老师配上音乐，再给大家读一遍。

（教师有感情地朗诵古诗。学生集体朗诵。）

第三板块　辨析词义体会诗境

师：同学们，在悠扬的乐曲声中，我们读了这首诗。你们从这首诗里看到了哪些景物？

生1：我看到了黄莺。

生2：我看到酒店门前高挂的布招牌。

生3：我看到了靠山而建的城。

生4：我仿佛看到了好多亭台楼阁在风雨中。

生5：我看到了佛教寺院。

生6：我还看到了雨。

（教师依次板书景物）

生：我看到了一个连起来的画面，水面上有许多许多楼台，立在烟雨中，景色很美。

生：我看到了有一棵大树，上面有好多黄莺在歌唱，好多鲜花衬托着绿叶。

师：色彩多么鲜艳。黄莺在歌唱，还有很多的鲜花，还有树木。一首小诗居然让我们看到了那么多的东西！这就是一首好诗，这首好诗千百年来一直被人传诵，传到了明朝。有一个读书人，他读出了一些问题。（播放幻灯片）他说，千里莺啼谁能听得？千里绿映红谁能见得？（生笑）若作十里，则莺啼绿红之景，村阁、楼台、僧寺、酒旗皆在其中矣。这段话是文言，你理解它的意思吗？

生：我觉得"千里莺啼谁能听得"指的是千里之外的黄莺鸟叫谁能听得到？那么远，我们又不是顺风耳。（众笑）千里绿映红谁能见得？离得那么远的桃花还有柳树，谁能看得到啊？

师：所以说这句话的人要怎么改啊？

生：把它改到"十里"，就差不多能看得见了，也能听得见。

师：你觉得"千里"和"十里"哪一个好？

生："千里"好，我觉得这个"千里"是指整个"千里"都有鸟在叫，有柳树发芽、桃花开放，如果改成"十里"，就感觉很近，不怎么美了。

师：你是从美的角度体会的。

生：如果改成"十里"的话，读起来不怎么顺。

师：非常好！"千"是一个平声字，读起来很舒展，感觉很远，地方很大。"十"，在古代是个仄声字，读上去很局促。

生：南朝有四百八十寺，四百八十个寺，地方肯定很大，肯定能占据一千里。（众笑）

师：你把两句诗里面的数量词合在一起理解，这是一个很好的方法。

生：我认为"千里"其实是一个虚数，它表示就是看上去很远。而"十里"呢，非常确切，就觉得这个诗，没有多少意思。

师：厉害，孩子们多聪明啊。是的，在古诗里，很多数字都是虚指。"千里"不是真的指一千里，而是指一个很大的范围，并不是真的要跑到一千里以外去听黄莺的啼叫，而是指在很大的范围里都有黄莺在鸣叫。在整个江南，处处都有这样美的春景。在古诗中，人们常常把黄莺和春天联系在一起。诗人边走边看，地点在变化，鸟鸣不停地在耳边响起，多么生机勃勃的景象。所以诗中写出了听觉，还有什么?

生：视觉。

生：幻觉。(众笑)

师：有的，肯定有的。

生：感觉。

师：让我们带着自己的感觉读读看。读出地域的辽阔，读出景色的明丽，读出色彩的斑斓。

(指名读，齐读，教师伴读。)

师：诗人边走边看，游兴十足。这时，忽然下起了蒙蒙细雨，他慢慢走上一个山冈，极目远眺，所有景物仿佛都笼罩在一片雾蒙蒙的青纱之中。远处，他看到了很多寺庙，他说，"南朝四百八十寺，多少楼台烟雨中"。同学们，我们静静地听一听诗人的心声，和他一起来想象，"南朝四百八十寺，多少楼台烟雨中"，你看到什么了?

生：我看到很多很多的寺庙，很多很多的楼台在蒙蒙的春雨中忽隐忽现。

师：真美啊。

师：你听到什么了?

生：我听到了蒙蒙细雨的沙沙声，还有黄莺的叫声。

师：你闻到什么?

生：我闻到了寺庙旁边的花香。

生：我闻到了下雨时空气的清新。

生：我闻到雨中还有草的味道。

师：我们一起来读，带着自己的感觉。

(学生读诗句)

师：真的是四百八十四座寺庙，一座不多一座不少吗?

生：不是。这是一个虚数。

师：这是一个虚数，告诉我们在江南，有各种各样的寺庙，我们一起再来读一读，读出佛寺的多，读出寺庙的香烟袅绕。

(学生读诗句)

师：让我们再一次和着音乐一起完整地读这首诗。

（学生完整朗读，关键词句教师伴读。）

第四板块　拓展说句

师：同学们，这样美妙的春景，好像离我们很远，实际上离我们又很近。老师找到了几张关于春天的照片。你能不能用一两句话来给我们描述一下？如果你能够用到今天学的某句诗或者诗意，那就更好了。自己准备一下。

（学生自由轻声试说）

生：鲜花生机勃勃，非常茂盛。绿色依托着红色，红色衬托着绿色，美不胜收，让我仿佛身临其境。

师：出口成章的小女孩。

生：你看，紫的花，红的花，衬托着绿色的叶子，让我忍不住想起今天学的一句诗句——千里莺啼绿映红。（众笑）

师：真的用上了诗句。

生：瞧，这个小朋友看到春天来了，多么开心！公园里百花争艳，万紫千红，形成了一道亮丽的风景线。七宝老街也换上了春天的新衣。瞧，那清澈的河水亮得能把人的影子照出来呢！

师：真了不起，三幅照片合在一起说，而且围绕我们今天所提到过的这些春景来讲。我们看到了颜色，我们看到了动与静。同学们的表现让我太惊讶了。

今天老师给大家准备了三件礼物。第一件礼物，老师带来了两本自己编的关于古诗的书，送给你们班，放在图书角里，大家可以轮流看。第二件礼物，你们知道古人是怎么来唱这首诗的吗？我来唱给大家听一听。

（教师吟唱《江南春》，众生自发鼓掌。）

师：很有意思吧，其实古诗就是这样有趣。第三件礼物，推荐一本书给大家，这本书就是《与古诗交朋友》，愿我们从今天开始与古诗交朋友。

下课。

《钱塘湖春行》课堂实录

《钱塘湖春行》是上海版五年级教材中的一首古诗，也是学生在教材中接触到的第一首律诗。因为学生在之前的古诗学习中已经学会依据平仄朗读，也学会了一些理解古诗的方法，所以理解诗意基本由学生之间互动交流来完成。反复诵读之后，借助照片引导学生背诵。对仗是律诗的重要特点，故先让学生自行比较发现，再由教师讲述知识点，最后通过诵读感受对仗的作用。由于是第一次接触律诗，之后还会学到，所以知识点的讲述点到为止。让学生对形式有直观认识，对对仗的音韵美有所体会即可。上海的学生对西湖大都不陌生，因此最后安排了创造性复述的环节。一来能进一步理解诗意，二来能拉近学生与古诗古人的距离，三来能对本学期学习的创造性复述进行巩固运用。

课堂实录

师：《钱塘湖春行》的作者是白居易，他是唐朝著名的大诗人。他的诗有个特点，看上去非常浅显，但又特别有意境。我们以前学过白居易的好几首诗，比如这首《大林寺桃花》，我们一起读一读。

大林寺桃花

（唐）白居易

人间四月芳菲尽，山寺桃花始盛开。

长恨春归无觅处，不知转入此中来。

（全班诵读）

师：这首诗真有情趣，诗人去看桃花，没想到山脚下的桃花都已经谢了。可当他来到山中寺庙时，突然发现，寺庙里的桃花刚刚开放。这是为什么呢？

生：桃花的品种不一样。

生：山上空气稀薄。

师：还有别的想法吗？

生：我认为山中和山脚下的气温是不一样的，所以山中的桃花比山脚下的桃花开得晚。

生：也有光照的原因。

师：因为山上的气温比较低，山脚下的气温相对来说高一些，暖和一点。暖和的地方花开得早。作者还说，我讨厌春天走了，回去了，我想去寻找春天却不知道到哪里去找，原来春天躲到山寺里来了。多么有趣味！我们一起来读一读今天要学习的古诗。

（全班读）

钱塘湖春行

（唐）白居易

孤山寺北贾亭西，水面初平云脚低。

几处早莺争暖树，谁家新燕啄春泥。

乱花渐欲迷人眼，浅草才能没马蹄。

最爱湖东行不足，绿杨阴里白沙堤。

师：大家按照平仄规律来读诗，读得非常好。钱塘湖指的就是杭州西湖，谁能够告诉我什么叫"春行"？

生：在春天里，行走在钱塘江湖畔。

师：行走在哪里？

生：行走在钱塘湖畔。

师：在这首诗中，哪些地方你读得懂？

生："最爱湖东行不足"的意思是最喜欢在湖东走，怎么走也走不够。

师：还有要交流的吗？（没有学生发言）……既然这样，我们就来交流读不懂的地方吧。

生：什么是"新燕"和"春泥"？

师：谁能够帮他解释？

生："新燕"就是春时初来的燕子，"春泥"就是春天的泥巴。

师：解释得很清楚。

生：我想问"孤山寺北贾亭西"是什么意思？

师：西湖边上有一座庙叫"孤山寺"，那里还有一座亭子叫贾亭，据说是唐朝人贾全在杭州做官时修建的。作者春行的出发地点在孤山寺的北面、贾亭的西面。这句话告诉了我们方位、地点。

生：我有一个疑问，诗中说"浅草才能没马蹄"，为什么不是深草呢？

师：谁能解答？

生：因为草刚刚没过马蹄，所以是"浅草"。

师：说得好。

生："水面初平云脚低"，云脚是什么意思？

师：这个问题质量高。谁来回答？

生："云脚"指的是下垂的云。"云脚低"就是云在天空的低处。

师：很好。

（全班再读诗）

师：如果我把春天依次分成"初春""仲春""暮春"三个阶段，你觉得这首诗中的春天是哪一个阶段的？

生：初春。

师：你从哪些地方判断出这是在"初春"呢？

生："浅草"是指刚刚长出来的草，说明是在初春。

生："新燕"是指刚刚飞出来的燕子，所以是"初春"。

生：从"早莺"也可以体会到这是"初春"，因为"早莺"是指比较早飞过来的黄莺。

师：春天来了，暖和了，黄莺就早早地飞来了。

生：我从"争暖树"和"啄春泥"这两个地方可以体会到是初春。

师：你的想法很特别，说说理由。

生："争暖树"是说黄莺刚刚飞过来，争着寻找一个可以筑巢的地方。"啄春泥"是指新燕需要用泥土和草筑成一个窝。所以，由此看出是初春。

师：你说得真好。

生：我从"绿杨阴里白沙堤"中的"绿杨"感受到这是"初春"，因为杨柳刚刚抽出了嫩绿的芽。

生：我从"水面初平云脚低"中感受到这是初春，因为冬天水面会结冰，春天到了，冰刚刚融化，水面上升，所以叫"水面初平"。

师：你联系到冬天来解释，特别好。春天到了，水涨起来了。远远看过去，水面已经和云脚连在一起了，水天相接。同学们非常棒，能从不同的角度判断出这是初春。

（全班诵读）

师：老师找来几张西湖风景照，大家来猜猜，每张照片对应的诗句。

（PPT 出示照片，同学们回答。指导学生背诵古诗。）

师：这首诗中，有一些特别之处，和以前学的古诗不一样。你们发现了吗？

生：我们过去学的古诗都是四句，而这首古诗有八句。

师：四句一首的叫绝句，八句一首的叫律诗。还有别的发现吗？

生：这是一首七言律诗。

师：每句都是七个字的律诗叫七言律诗。

生：我发现第三句和第四句好像是对称的。

师：对称在哪里？

生："早莺"对"新燕"。"争暖树"对"啄春泥"。

师：你的发现很有价值。这两句不叫对称而叫对仗。

生：我发现第五句和第六句也是对仗的。

师：你真会观察，我把这四句诗单独拿出来，大家可以看得更清楚。

几处早莺争暖树，

谁家新燕啄春泥。

乱花渐欲迷人眼，

浅草才能没马蹄。

（师板书：对仗）

师：律诗一共有四联，一联两句。第一句、第二句叫作"首联"。

（师板书：首联）

师：有了"首"就有"尾"，所以第七句、第八句叫作"尾联"。

（师板书：尾联）

师：那么中间的部分叫什么呢？有了头，就有下巴。

（师板书：颔联）

师：第三句、第四句叫作颔联，第五句、第六句叫作"颈联"。

（师板书：颈联）

师：律诗中的"颔联"和"颈联"都必须对仗。上一句某个位置上是数量词，那么下一句的这个位置上也得是数量词，上一句的某个位置上是动词，那么下一句的对应位置上也得是动词。以此类推。可以放词义相同的字词，也可以放词义相对的字词。

（全班再读）

师：读了之后，你觉得对仗有什么好处？

生：很顺口。

生：好像有节奏感。

师：一起再读。

（全班再读）

（PPT：杭州西湖地图）

师：同学们，这就是西湖现在的样子，当年白居易在杭州做太守。他带领老百姓疏通西湖，把西湖中的淤泥挖出来，让西湖中的水能够灌溉周围的农田。他特别喜欢西湖，忙完了公务，到湖边踏青赏春是很惬意的事。看，我依据古诗内容，画出了白居易游玩的路线图。

首先，他看到了三潭印月，接着走到花港观鱼。再往前走，来到柳浪闻莺，这里种了很多柳树，还能听到很多黄莺的啼叫。再往前走就到白沙堤了。

我想请去过西湖的同学按照这个线路图来说一说，自己在西湖边的见闻。如果你没有去过西湖，那就结合诗意、照片、路线图描述一下白居易游春的情境。你可以用第一人称，把自己当作白居易，也可以用第三人称。

（学生准备）

生：白居易从孤山寺北贾亭西出发，来到了柳浪闻莺，他看见很多早莺在树上做窝，还有几只新燕在啄春泥，也是在忙着做窝。再往前走，他看见路边盛开了许多野花，五彩缤纷的颜色让他眼花缭乱，马蹄被没在了浅草里。终于走到了白沙堤，堤坝上的柳树真是美丽极了。

师：你结合了诗意，为我们描绘了一幅美好的游春图。

生：暑假里，爸爸妈妈带我去西湖游玩。我们在花港观鱼看到了很大的锦鲤鱼，我们买了鱼食喂它们，那些鱼食也是很大的。在柳浪闻莺，我们见到了繁茂的柳树，一阵风吹过，柳枝就像女孩子的辫子飘动起来。路边开满了五颜六色的野花，真是"乱花渐欲迷人眼"。白沙堤上游人很多，大家慢慢走着，欣赏西湖的美景。

师：说得太好了，掌声送给她。（学生鼓掌）她说的是自己在西湖游玩时的见闻，而且还把今天学过的古诗放进去了。

今天的课就上到这里，希望大家以后再找一些律诗来读。

《诗情画意》课堂实录

　　这是一节五年级自选教材古诗课。基于学生已有了不少学习古诗的体验，也接触过丰子恺的漫画，教材中的宋诗不多等因素，选了四首宋诗进行主题式诗画学习。希望学生借助漫画，巩固与运用已经掌握的读诗方法，获得自主读古诗的快乐。

　　《惠崇春江晓景》环节，帮助学生复习在古诗中体验不同视角的阅读策略。《游园不值》环节，让学生感受一诗两画不同视角带来的情趣。《秋日田园杂兴》环节，让学生借助漫画自读自悟诗意。《过松源晨炊漆公店》环节，通过师生表演，自主理解古诗，感受宋诗的理趣。最后唱古诗环节，选用学生学过的《汉乐府》，仍配了漫画，让学生感受读诗的乐趣，体会诗中的道理。

课堂实录

　　师：今天，我们上一堂古诗课，平时一堂课我们学一首古诗或者两首古诗。今天，我们挑战一下，一节课学四首古诗。为了帮助大家更好地理解古诗，我找来一些相关的漫画，我们这节课的题目就叫——

　　（PPT：诗情画意）

　　全班：诗情画意。

师：讲到诗情画意，必须提到丰子恺先生。上个学期我们学过一篇作文——

全班：《已死的母熊》。

师：同学们还记得啊。《已死的母熊》是丰子恺先生画的一幅画。那时，我曾经说过，丰子恺先生的画作中有一个部分很独特，就是把古代的诗词作为绘画的素材，比如说这幅《春江水暖》就是根据苏轼的诗画出来的。

相传宋朝时有一个和尚，他也是画家，叫惠崇。有一天，他画了一幅画，给这幅画起名叫作《春江晓景》。后来大文豪苏轼看到了这幅画，就为此画题诗一首。这种诗叫作题画诗。

先听老师读。（教师范读）

惠崇春江晓景

（宋）苏　轼

竹外桃花三两枝，

春江水暖鸭先知。

蒌蒿满地芦芽短，

师：大家发现了吗，屏幕上的诗有一个问题？

生：少了一句。

师：为什么老师在这里少写了一句呢？

生：因为在这幅画中没有画出这一句。

师：最后一句写的是河豚，为什么河豚不能在这幅画中表现出来呢？

生：因为它是生活在水中的。

师：你的话有点道理。其实还有个原因，因为前三句写的是苏轼在惠崇的画上看到的。而"河豚"那句是苏轼看了画联想到的内容。写诗和写文章一样，也有见闻和感想之分。好，我们把它还原，注意平仄，一起来读。

惠崇春江晓景

（宋）苏 轼

竹外桃花三两枝，

春江水暖鸭先知。

蒌蒿满地芦芽短，

正是河豚欲上时。

（全班读诗）

师：读得非常好，刚才讲到了想到的，看到的，这就是从不同角度去欣赏古诗。其实在这首诗里面，不一样的角度很多，我再举一个例子，我在这首诗中发现了"远"和"近"，你们能告诉我，"远"的是什么？"近"的是什么吗？

（师板书：远　近）

生：前面两句写"远"，第三句写"近"。

师：为什么说"蒌蒿满地芦芽短"是近的呢？

生：因为能看见很短的芦芽，说明离得近。

师：聪明啊，还能发现别的角度吗？

生：有"高"和"低"。

（师板书：高　低）

师：什么是"高"？什么是"低"？

生：桃花是高的，鸭是低的。

师：还有别的不同角度吗？

生：第一句和第三句描写的是植物，第二句和第四句描写的是动物。

（师板书：动物　植物）

生：陆地上的和水里的。

师：刚才有一个同学提到了三两枝桃花，除了三两枝桃花，你还看到了什么？

生：满地……

师："三两枝"和"满地"是什么关系？

生：多和少的关系。

（师板书：多　少）

师：还有吗？

生：有"疏"和"密"的关系。第一句"竹外桃花三两枝"中"三两枝"是指稀稀疏疏的，而后面是"密"。

（师板书：疏　密）

师：你真聪明。从别人分析过的句子中，你又有了不同的发现。当我们能从不同角度来读古诗时，就能更好地体会古诗的味道。

（师板书：角度）

（全班读古诗）

师：这是一首宋诗，今天我们还要学其他几首宋诗，《游园不值》读过吗？

生：读过。

师：一起读。

游园不值

（宋）叶绍翁

应怜屐齿印苍苔，

小扣柴扉久不开。

春色满园关不住，

一枝红杏出墙来。

（全班读）

师：大家觉得这首诗里有不一样的角度吗？

生：我发现了远和近……

师：说说看。

生：红杏在树梢上，是远的。苔藓就在脚边，是近的。

师：你真厉害。刚学过的方法就会用了。丰子恺先生以这首诗为题材，画过两次。一首诗画了两次，怎么才能画得不一样呢？看——

（PPT 出示漫画）

师：看出两幅画有什么不同吗？

生：一幅画的是院内，一幅画的是院外。

师：对啊。同学们，我们一起来看看这两幅画，你能不能从中选一幅描述一下？

生：画上有一棵松树，旁边露出了一枝红杏。

师：你说出了图意，不过，欣赏春景应该是很美好的事情，但你只是说画上有什么。谁愿意来试一试？

生：在一个院子里，一枝红杏露出了墙外，让人忍不住停下脚步欣赏。

师：有进步，再请一个同学说说看。

生：我选择第二幅——我站在院外，一棵松树耸立在路边，我看见一枝红杏伸出围墙，忍不住赞叹："春色满园关不住，一枝红杏出墙来。"

师：这位同学用第一人称来描述，还将诗句结合在自己的话里，多好。掌声送给他。

生：我讲第一幅——我们家的院子可美了，院子里有一棵高大的柳树，像一个……

师：想不出比喻时，不要硬用比喻。一棵高大的柳树，柳叶怎么样？

生：柳叶繁茂，院子里还有一棵杏树，上面盛开了几朵杏花，让我忍不住赞叹。

师：如果能将画面中的人物也说出来就好了。

生：院内，一个女孩子正在织毛衣。过了一会儿，她放下毛衣，看看旁边高大的松树、繁茂的柳树和刚开了花的几棵杏树。

师：你说到了人物，可是话好像没有说完。

生：我坐在院子里织着毛衣。院里的柳树枝叶繁茂，柳条随着风轻轻地飘舞，旁边还立着一棵松树和几棵杏树。虽然有围墙阻挡，但几枝红色的杏花还是探出了墙外。

师：探到了。

生：探到了墙外。

师：说得越来越好了。有的同学用第一人称，有的同学用第三人称，都很有意思。

生：清晨，我吃了早饭，走出了房间，站在假山旁观赏院子里的景色。一棵松树耸立在院子一角，旁边有一棵柳树，再旁边有几棵杏树，虽然刚刚开花，但有几朵杏花已经伸出墙外。

师：她说的和大家又不一样了，说出了人物的移动。我们一起来背背这首诗。

（全班背）

师：看着丰子恺先生的画就能知道这首诗的意思，还加入了很多自己的想象，这就是我们最近正在学习的创造性复述。同学们把这个本领都学会了，非常好。再看一首。

秋日田园杂兴（之一）

（宋）范成大

静看檐蛛结网低，
无端妨碍小虫飞。
蜻蜓倒挂蜂儿窘，
催唤山童为解围。

（师示范读）

师：听懂的同学请举手。

（若干学生举手）

师：十个同学读懂了，很正常，毕竟这是几百年前的诗了。能读懂的小朋友太厉害了。现在读不懂的小朋友，不要紧，请看这幅画。

（PPT 出示画）

师：结合画面，你读懂了什么？我们先一起读一读，一边读一边琢磨。

（全班读诗）

师：谁来分享一下自己的体会？

生：他坐着看屋檐下的蜘蛛结网，不知道蜘蛛为什么要妨碍很多小虫子飞，看着蜻蜓被黏在蜘蛛网上，他赶紧帮它们解围。

师：解释得非常好，还有谁要补充？

生：我坐在屋檐下静看旁边的蜘蛛网，蜘蛛为什么非要妨碍小虫子飞呢？只见一只蜻蜓和蜜蜂飞了过来，一下子就被黏在了蜘蛛网上。

师：蜜蜂怎么样？

生：蜜蜂在挣扎。

师：感到非常窘迫。

生：我不忍心看到这样的情景，赶快叫山童把它们救下来。

师：这首诗非常有趣，写的是日常生活中的见闻，一起再来读一读。

（全班读）

（出示 PPT）

师：这次没有画了。这首诗也很有趣。

（师示范读）

过松源晨炊漆公店

（宋）杨万里

莫言下岭便无难，

赚得行人错喜欢。

正入万山圈子里，

一山放出一山拦。

师：我知道有的同学理解了，有的同学没有理解。这次我要请同学来表演，表演完了就都知道了。谁来表演？

（一生上台）

师：我先给你说说戏。你背着行囊出门办事，刚刚翻过一座山，这时你很高兴，会说什么？

生：好开心啊！

师：可是没想到在你的面前又出现一座山，你还得继续翻。你会说什么？

生：都是山路，真难走啊！

师：就是这样的台词，我和你一起表演，我扮演大山。

师生表演：

一清早我就出门了，好不容易翻过一座山，我喘了一口气，想歇一歇脚。可就在这时，我发现前面又是（师张开双臂扮演山）一座山。（生翻"山"）（师张开双臂再扮演山）面前又来了一座山。（生气喘吁吁地翻山，说："终于翻过去了。"）（师站在椅子上扮演山。生继续表演翻山。）（表演结束）

师：现在看懂了没有，这首诗告诉我们什么道理？

生：不要为一时的成功而得意。

生：不要高兴得太早。

生：不要想着尽走捷径。

生：读书就像翻一座座山。

生：翻山时要坚持不懈。

生：虽然困难很多，但是要勇于克服。

师：作者写诗时可能没有那么多想法，但是给后人留下的感悟却很多。宋朝的诗人特别喜欢在诗中讲道理，但是他们会把这个道理讲得很有趣。

（师板书：理趣 宋诗）

师：这就叫作宋诗的理趣。一起再读一下这首诗。

（全班再读）

师：马上就要下课了，我们一起来唱唱古诗吧。

师播放音频。

长歌行（摘句）

汉乐府

百川东到海，

何时复西归。

少壮不努力，

老大徒伤悲。

（师唱。生跟唱。）

师：这首诗中也有道理，不过，我不讲，相信大家懂的。今天的课就上到这里，下课。

《关羽刮骨疗毒》课堂实录

设计说明

　　《关羽刮骨疗毒》是上海版五年级教材中的一篇小古文。课后有部分注释以及译文。所以教学中没有去作全文意思的解释，而是花了较多的时间来朗读全文，积累语感。在解释字词意思的环节，先让学生交流已经理解的，再找出不理解的，以师生互助的形式来解决。在教学中让学生强化对常用字的印象，了解基本的理解字词的方法。读古文，不能只停留在解释意思的层面，要把古文当作文章来读。这个故事不冷门，不少学生之前已对内容有所了解，因此不再讲述故事内容，而以"关羽为什么被称为武圣人？"来引导学生读懂文章，理解人物特点。

课堂实录

　　师：今天我们学习一篇古文，一起读课题。

　　（PPT：《关羽刮骨疗毒》）

　　（全班读课题）

　　师：关羽是中国历史上的名人，很多同学都听过他的故事，看过一些和他有关的课外书。相传关羽是山西运城人，他的相貌非常奇特，身材很高，体格很健壮。书上说，面如重枣，五绺长髯，胡子很有特色。甚至有传说，关羽为了保护自己的胡子，在睡觉前要给胡子戴棉套子。关羽被后人尊称为"武圣人"。

（师板书：武圣人）

师：有"武"一定会有"文"，"文圣人"指的是谁？

生：孔子。

师：是的，孔子在中国，乃至在全世界都有巨大的影响力。而关羽被称为"武圣人"，可见他的影响力有多大。他怎么会有这么高的地位？今天我们学习的这篇小古文中透露了不少信息。把书打开，听老师把课文读一遍。听清楚老师在朗读时的停顿。

（教师范读全文）

（师读一句，生跟读一句。）

（全班读）

师：最后一句话没有读通，"时羽"是说当时关羽（示范读），再读一次。

（全班再读最后一句）

师：刚才的朗读速度比较慢，现在稍微加快速度。

（全班再读全文）

师：有一个同学把一个字读错了，"羽尝为流矢所中"的"中"是第四声，在这里指被箭射中，所以是第四声。这篇古文中哪些字词是我们学过的？

生："曰"的意思是"说"。

生："尝"就是"曾经"。

生：语气词"耳"。

师："耳"是古文中经常出现的语气词。

生：其。

师：表示一个语气代词，经常出现。在这里指"他的"。

生：矢。

师：在这里指什么？

生：箭。

师："矢"指的是"箭"，"镞"指的是"箭头"，所以"矢镞"指的是箭头。有一个成语叫"有的放矢"，我有一个目标，对着这个目标射出箭，比喻做一件事情目的性很强。

现在我们来交流一下，哪些字词是你不理解的？

生："羽便伸臂令医劈之"，为什么说"劈"呢？

师：可以借助下面的解释来理解，这个"劈"和现在"劈"的意思已经不同了，在过去"劈"是指用刀把东西划开。

生："臂血流离，盈于盘器"的"盈"是什么意思？

师：这个问题问得好。谁来回答？

生：多得已经满出来了。

（师板书：盈　满）

师："盈"是皿字底，一个东西装在器皿里，多得满出来了，所以叫作"盈"。"笑盈盈"是什么多得满出来了呢？

生：笑容。

师："笑盈盈"就是指脸上的笑容多得已经满出来了，说明笑得非常灿烂。

生："而羽割炙引酒"的"引"是什么意思？

师：你也问了一个非常好的问题。"引"的本意就是拉开弓，所以左边是个弓，拉弓射箭的动作叫"引"。在这里指的是两手分开，分得尽量开，古人喝酒时拿着酒杯时，手尽量前伸，向别人表示欢迎。这是邀请大家喝酒的动作。

生："贯其左臂"的"贯"。

师：谁来解释？

生："贯"的意思就是"穿"，有个词语叫"贯穿"。

师：好。你用组词的方法来解释。

生："当破臂作创"的"作"是什么意思？

（师板书：作　作为）

师：文中确实没有这个字的解释，其实它的意思就是"作为"，而"创"就是伤口，这句话的意思就是把他的手臂割开来形成一个伤口，这样刀才能伸进去刮骨。

生："然后此患乃除耳"中的"乃"是什么意思？

（师板书：乃　就）

师："然后此患乃除耳"中"然后"，这两个字要分开解释。谁来试一试？

生："然"是"这样"，"后"是"然后"。

师：说得对。

生："时羽适请诸将饮食相对"中"相对"是什么意思？

师：这句话要颠倒词序来理解，谁来猜？

生：面对面地坐着一起喝酒、吃饭。

师：是的。这是一种倒装的句式。

（师板书：倒装）

师：通过刚才的提问，我们已经基本理解了整篇文章的意思，大家完整地再读一遍。

（全班再读全文）

师：谁能够给"言笑自若"找个近义词？

生：谈笑自如。

师："言笑自若""谈笑自如"这样的词语来形容当时的关羽，说明关羽不简单。谁知道为什么不简单？

生：因为医生肯定没有给关羽上麻醉药，这个时候用刀把肉割开，一定很疼。可关羽仍然谈笑自若，让人觉得很不简单。

师：解释得很清楚，如果能用上文章里的语句就更好了。你能结合文章里的某个词、某句话来分析吗？

生：关羽请医生治疗，放出来的血已经盈于盘器，可关羽仍然言笑自若，突出了关羽刚毅的品质。

师：你用到了文章里的一个词，而且还总结出了关羽给人的印象。

（师板书：刚毅）

生：关羽中箭了，医生说毒入于骨，需要刮骨疗毒，血已经盈于盘器，可关羽仍然言笑自若。

师：你用到了文章里的句子，但没有说明自己的观点。

生："臂血流离，盈于盘器"说明血流得很多，已经溢出来了，可是关羽却好像什么事也没发生一样，还是和将士们谈笑风生。由此看得出来，关羽非常刚毅。

师：很好，话说完整了。

生：关羽被乱箭射中，右臂中毒，要想去除病根，必须刮骨才能疗毒。过去的医术没有现在先进，关羽所承受的疼痛是我们无法想象的。在这样的情况下，关羽仍然言笑自若，一边喝酒一边聊天，可见关羽非常坚强。

生：我认为关羽很勇猛，在没有麻醉的情况下刮骨治疗仍然言笑自若，可想而知，他在战场上打仗也一定非常勇猛。

（师板书：勇猛）

师：这个词用得真好。我们来想一下，平时在医院打针、验血的时候，很多人连看都不敢看，而关羽刮骨疗毒，依然言笑自若，多么勇猛啊！

生：我认为关羽是个果断的人。医生说要把手臂破开时，他就直接伸过手臂让医生破开。

师：不错。把"果断"换成"果敢"更好，程度更深。

（师板书：果敢）

师：通过这篇文章，我们从不同的角度归纳出关羽的特点，说明大家读懂了。一起把课文快速地再读一次。

（全班再读）

师：在历史上确实发生过这件事，这个故事被记录在《三国志》中。《三国志》是晋朝人陈寿写的历史书。在《三国志》中记载的事件都是历史上发生过的，这些故事传了一代又一代，一直传到了元朝末年，罗贯中把民间传说和史书中的内容混杂在一起，加工后写成了一本书——《三国演义》。《三国演义》是一部小说，这本书中的某些内容在历史上是没有的。

关羽有一段时间和他的兄弟刘备、张飞失散了。他只能暂时投靠曹操，曹操知道关羽很会打仗，是一员猛将，很想让他为自己效力。但关羽不肯。当时关羽有一个朋友叫张辽，是曹操手下的一员大将，深受曹操器重。曹操让张辽劝关羽归顺自己。结果，关羽对张辽说了这样一句话。

PPT：吾极知曹公待我厚，然吾受刘将军厚恩，誓以共死，不可背之。吾终不留，吾要当立效以报曹公乃去。

（师述）

师：看懂这段话了吗？谁来说说这段话是什么意思？

生：我知道曹公对我很好，但是我受到刘将军更大的恩情。发誓要共生死，不可以背叛。我最终是不能留在这里的，但是走之前一定会为曹公先立一个大功。

师：在这里又出现了"然"和"乃"，什么意思？

生："然"的意思是"但是"。

生："乃"的意思是"就"。

师：同学们都学会了。

后来关羽真的为曹操立了一功，然后就离开曹操去找刘备。通过这段话，你又感受到关羽的什么特点？

生：关羽很讲义气。

生：关羽不是一个忘恩负义的人。

生：关羽知恩图报。

师：很讲义气，就是忠、义。

（师板书：忠义之士）

师：关羽是个忠义之士，刚毅、勇猛，所以才被人们称为"武圣人"。

这节课就上到这里。

《古诗和古文》课堂实录

设计说明

　　一个人的民族属性，是由生理基因决定的，也是由文化基因决定的。文化不是虚无缥缈的东西，而是人们日常生活中实实在在的风俗习惯，是家常饮食的喜好，是待人接物的原则，是观察判断的思维方式；是看到松柏想起坚韧，听到莺啼想起春风，欣赏圆月想起团圆的敏感。一个人要获得文化基因，第一个渠道是家庭，第二个渠道是学校。在学校里引导学生了解、学习优秀的传统文化，一套优质的教材必不可少。为此著名特级教师黄玉峰先生主编了《新编中华文化基础教材》（小学卷、初中卷、高中卷），其中小学卷由我主编。这节课就是小学卷五年级中的内容。

　　这节课先用《墨梅》教朗读，教会学生从梅花和作者两个角度去理解古诗。然后将《白梅》作为学生自主学习的材料。让学生从梅花和作者两个角度说感受。接着再让学生比较两首诗的异同。

　　教《刻舟求剑》时，也是以读入手，当学生表示对内容都理解后，将文章分成两个部分，组织学生表演文中内容。以此帮助学生加深对文章内容的理解。

　　虽然两首诗与古文在内容上没有直接的联系，但是在教法上，皆是以读为本，培养语感。以整体感知为主，不做繁琐的字词分析。比较两首诗的异同和自编微型课本剧都是对学生进行思维训练的一种形式。

一、故事导入，学习《墨梅》

1. 王冕的故事

师：同学们，今天我们要学习两首古诗和一篇古文。这两首古诗的作者是同一个人，我们来认识一下这位作者。大家轻声地读一读屏幕上的字。

（出示资料，生轻读。）

> 王冕（公元 1287 年—1359 年），字元章，号煮石山农，亦号"食中翁""梅花屋主"等，浙江诸暨枫桥人，元朝著名画家、诗人、篆刻家。他出身贫寒，幼年替人放牛，靠自学成才。

师：王冕是元朝人，他是著名的画家、诗人、篆刻家。篆刻知道吗？（生迟疑）谁来解释一下？

生：篆刻，就是把一些字刻到石头上。

师：说得简单一点，就是刻图章。不要小看刻图章，这是中国传统文化中的一个瑰宝。等同学们长大后，也会有一枚自己的图章。如果你平时喜欢画中国画，写书法，可能你现在就已经有好几枚石头的图章了。王冕，是当时的画家、诗人、篆刻家，他是浙江诸暨人。

（师讲述王冕的故事：王冕小的时候，家境贫穷，靠种地和替别人放牛维生。有一次，他放着牛，走过一个学堂，一下子被琅琅的读书声吸引了。于是，他就走到学堂去看别人读书。看着看着，把放牛这件事情给忘了，等他回过神来，牛已经不见了。为此，他的父亲非常生气，把他重重地打了一顿。后来，他妈妈说，这个孩子既然喜欢读书，就让他读书吧，别让他放牛了。可是，家里太穷了，连个灯都没有，怎么办呢？王冕很想读书，他就跑到古庙里面，借着古庙里的长明灯，用功读书。他就是凭着这样的毅力读书、作诗、学画，最后，成为著名的画家、诗人、篆刻家。）

2. 赏画读诗

师：和王冕有关的故事蛮多的，既然"画家"这两个字放在最前面，那他的画有没有留下来呢？很高兴，有一些画留下来了。今天，我们就来看一看。

（出示墨梅图）

师：这幅图就叫"墨梅图"。看着这样一幅图，你有什么感受？

生：我觉得这幅画画得非常逼真，像真的梅花一样，栩栩如生。

师：给你的感觉叫"栩栩如生"！

生：从这张画里，我看出王冕画画时注意到了很多细节。

师：哪些细节呢？

生：他把那些含苞欲放的花朵很细心地画出来了。

师：你看，有含苞欲放的花朵，也有已经绽放的花朵！这个小男孩观察真仔细。

生：这幅画是用淡墨画的，给人非常淡雅的感觉。

师：对整幅画的色彩有自己的感受。掌声送给刚才发言的同学！王冕还给这幅画配了一首诗。这就是我们今天要学习的第一首诗，一起读。

（出示诗，生齐读。）

墨 梅

（元）王 冕

吾家洗砚池边树，
朵朵花开淡墨痕。
不要人夸好颜色，
只留清气满乾坤。

师：读得真不错！老师也读一遍，请你们仔细听，老师的读法与你们的读法有一点不同。

（师读《墨梅》，生专注听。师读完，生鼓掌。）

师：谢谢！我与你们的读法有什么不一样，听出来了吗？

生：老师，您把每句话的倒数第二个字拉长了。

师：有些字读长音。

生：而且，有的地方会有适当的停顿。

师：听到了停顿，很好。怎么停的？两个字两个字一停，两个字作为一个节奏点。

生：老师读诗，有的时候会一下子用力。

师：也就是说，有的时候声音会响一点，有的时候声音会轻一点，有轻有重。

生：老师，有的地方您读得像唱歌。

师：是的，汉语最妙的地方，就是有声、韵、调。所以，你仔细地去读，细心地去品，真的有点像唱歌。我再读一遍，大家听一听。

（师再读《墨梅》，生仔细听。）

师：谁愿意学着老师的样子读第一句？

生：吾家 / 洗砚 / 池边树。

师：学得真像！如果"洗砚"这里停顿再清晰一点，就更好了。

生：吾家 / 洗砚 / 池边 // 树。

师：掌声送给他，读得真好！我们一起来读——

（师生齐读第一句）

师：第二句谁来读？

生：朵朵 / 花开 / 淡墨 // 痕。

师："痕"字再长一点，"痕"字是押韵的。

生：朵朵 / 花开 / 淡墨 // 痕。

（师动作指导，生拉长"痕"字。）

师：你看，稍微拖长一点，花的香气就好像真的会飘过来哦。一起来，预备起——

（师生齐读）

师：最后两句一起读，谁愿意试试？

生：不要 / 人夸 / 颜色 // 好，只留 / 清气 / 满乾 // 坤。

师："坤"字再拖长一点就更好。（生纠正）嗯，真的是满乾坤了，天地之间全都是清香的气息。学着他的样子，一起把最后两句读一下。

（生齐读）

师：同学们学得很像了，非常好！读格律诗呢，就是要这样读，两个字两个字做一个小停顿。如果第二、第四、第六位置上的字是平声，那我们就把字音拖得长一些；如果这些位置上的字是仄声，就读得短促一些。好，现在我们完整地读一次。

（师生齐读）

师：读得真好！同学们，这首诗里，你们有什么地方读不懂吗？

生：为什么"花"还要"淡墨"呢？花上是不可能有墨的。

师：他发现了诗里面的内容好像不大能够理解。

生：我一开始不懂"乾坤"什么意思，后来查了查，"乾坤"指的是"天地间"。

师：很好，他非但提出了一个问题，而且，还告诉我们他是怎么解决的。

生：要是别人的话，得到夸赞会很开心。为什么他画的这幅画，不要别人夸呢？

师：到底是写谁不要别人夸呢？在诗里面，指谁啊？

生：梅花。

师：是指梅花。梅花说它不要别人夸，对吧？同学们，现在看来，主要有两个问题：第一个问题是"淡墨痕"是什么意思？第二个问题是既然长得如此漂亮，为什么不要别人夸呢？这两个问题真好！在解决这两个问题之前，我想再提一个问题：你读出这是一枝怎样的梅花？

生：我读出梅花很谦虚，因为它不需要别人夸它。

师：你看，你的问题他帮你解决了。（面向刚才提问的学生）

生：我认为这是一枝默默奉献的梅花。

师：你从哪里看出它的奉献了？

生：只留清气满乾坤。

师：让别人闻自己的香味就可以了。只讲付出，不讲索取。

生：我觉得这枝梅花很淡雅。我从第二句"朵朵花开淡墨痕"看出来了，"淡墨痕"说出它的淡雅。

师：原来就是用淡淡的墨去画梅花，明白了吗？（示意提问的那位同学）为什么要用淡淡的墨去画呢？是为了体现出梅花的淡雅。

生：我认为这是一枝非常高雅的梅花。

师：你从哪里看出它的高雅？

生：从"不要人夸颜色好"看出来，它不在乎别人的眼光。

师：对呀，掌声送给她。了解了这样一枝梅花之后，我们再来读一次，感受一下同学们感受到的这些体会。

（生齐读诗）

3. 由花及人，再读王冕

师：同学们，这真是一枝淡雅、高洁的梅花，你们读出来的是梅花，老师读出来的是一个人。谁呢？就是王冕。你们猜猜看，老师读出来的王冕，是怎样的一个人？

生：是不愿意同流合污的王冕。

师：掌声送给他。是的，据说，当时皇帝想要让王冕做官，他不愿意，他要留在乡下隐居，种了很多梅花，他就在梅林里作画。

生：我读出一个谦谦君子一样的王冕。

师：这也是我的想法。

生：我认为他是一个非常有气质、有才华的王冕。

生：我认为他是一个热爱生活的王冕。

师：你怎么读出来的？

生：因为他能把梅花的细节写成一首诗，说明他很热爱生活，关注生活。

师：关注生活中细节的美，细致入微的美，把它变成画儿，把它写成诗，太厉害了！掌声送给这个小姑娘。

师：我们配上音乐，一起再来读一读吧。

（配乐，生齐读。）

二、赏读《白梅》，比较异同

师：王冕是一个勤奋的画家，院子里的一个小小的池塘，是他用来洗砚台的，水可能已经被洗黑了。池塘旁边种着一棵梅花树，仿佛也吸了这个墨汁，花瓣上留下了淡淡的墨痕。这样细小的自然景观，逃不过画家的眼睛。于是，一幅墨梅图就出现了，流传后世。不仅如此，王冕还画过白梅图，看！

（出示《白梅》，师生齐读。）

白　梅

（元）王　冕

冰雪林中著此身，
不同桃李混芳尘。
忽然一夜清香发，
散作乾坤万里春。

师：刚才我们是从梅花和人两个角度读的。现在，你又读出了怎样的梅花和怎样的诗人？随便选择一个角度说一说，或者从两个角度说，都可以。

生：我认为梅花是很坚强的，"冰雪林中著此身"，它开在冰雪林中，冰雪林是很冷很冷的。

师：好像春天还没有完全到来，山中的积雪还没有完全融化，此时白梅已经竞相开放了，所以你感受到了一种精神。

生：我还读出了和上首诗同样的内容，王冕不愿意与统治者同流合污，我从"不同桃李混芳尘"看出，他说梅花不愿意和桃花、李花的芳香混杂在一起。

师：掌声送给他。受到了同学的启发，说出了自己的见解。

生：我认为这株梅花喜欢在一个没有其他花的地方生长。

师：它选择了一个比较僻静的地方，独自长在那里。

生：同时，我认为作者也是这样子的，作者是一个热爱隐居的人。

师：喜欢隐居，不愿意和桃李混杂在一起。

生：我认为这是一枝默默奉献的白梅，因为最后一句提到了，"散作乾坤万里春"说明它在一夜之间就把自己的芳香全部散出去了……（生表达不畅）

师：让别人感受到什么？

生：感受到那种清香，让人感觉那种非常……（生没组织好语言）

师：让人感受到了清香，而感受到梅花的清香的时候，我们就知道什么季节到了？

生：（齐答）春天。

师：所以哦，是"万里春"。同学们讲得非常好，一起再读一次。

（生齐读诗，师动作引导。）

师：刚才已经有同学注意到了，他说这两首诗有相同点。来，说说它们的相同点和不同点。

（出示两首诗）

生：他们表达的意思相同，都是不想和统治者同流合污。

师：主题思想是相同的。

生：两首古诗都写了梅花的默默奉献。

师：也是有关主题的想法。

生：两首古诗都写了梅花的清气留在天地间。

师：你们讲到了太多的相同点，有没有注意到不同点呢？

生：一个是在冰雪林中，一个是在"我"家洗砚池边。

师：生长的地方不一样。

生：我还发现了两首诗的第三句，一个写的是默默地散发香气，而另外一首是写不要别人夸它。

生：我认为第一首是表达要隐居的意思，第二首是要告诉所有人，春天要到来了。

师：（笑）一首是很高雅、高洁，很自信、自尊，我隐居了，我不愿意和你们混同在一起。另一首是，我愿意把芬芳播散到人间。

掌声送给刚才几位发言的同学，你们谈到了自己的感受。读诗就是这样，读出别人，也要读出自己。来，我们和着音乐，把两首诗再读一次。注意，两字两字的停顿。

（配乐，师生齐读《墨梅》《白梅》。）

三、读《刻舟求剑》，师生共演

师：两首古诗学好了，接下来，我们再来学习一篇小古文。

（出示小古文《刻舟求剑》）

师：刚才我们读诗的时候，两个字两个字一停顿。在古文里，常会出现四字词语。如果读好这些四字词语，那么，整篇古文你也就能读好了。老师先读一次，请大家仔细听。

（师范读，生听停顿。）

师：听到了吧？现在，老师把一些停顿的记号标上去了，提示大家。看着屏幕，我们一起来读。

刻舟求剑

《吕氏春秋》

楚人/有涉江者，其剑/自舟中坠于水，遽契其舟，曰："是吾剑之所从坠。"舟止，从其所契者/入水求之。舟已行矣，而剑不行，求剑若此，不亦惑乎！

师：同学们，这篇小古文可以分成两个部分。怎么分？

生：我觉得把"舟止"前面分为一部分，"舟止"后面作为另一部分。

师：为什么这么分呢？

生：因为前面是讲楚人的剑掉入水中，他做了记号。后面一部分是写他去寻剑。

师：掌声送给她，讲得多好啊。老师也是这么分的。女生读红颜色的部分，男生读黑颜色的部分。

（出示《刻舟求剑》，颜色区分两个层次。）

师：读古文，有的时候需要摇头晃脑，这样节奏会把握得更好。同学们现在还有点拘谨。大家把手放下去，自由一点。我们一起读。

（师示范读第一句，生齐读。）

师：现在读不懂这篇古文的同学请举手。（没有人举手）很好！现在，谁告诉我，在预习的时候是怎么解决读不懂的问题的？

生：我是到百度上查的。

生：我是查字典理解不认识的字的。

师：大家真会学习。既然都理解了，那你们能不能演出来？我先请一个同学来表演。

（一男生上台，扮演楚人，师扮演书童。）

师描述：我们一起坐着船过江，你手扶佩剑，看着风景，一激动，手一放，身体一晃，"扑通"一声，宝剑掉了，我要和你说话，你得按照文中的内容，自己编台词。

（师生即兴表演）

	（书童与楚人举目向四周眺望，欣赏风景。）
书 童：	（兴奋地）公子啊，你看，这里的风景多漂亮啊！谢谢公子带我出来，让我看到这么美的山水。
楚 人：	（摆摆手）哎，不用谢。你看，那儿还有小鸭子呢。
书 童：	（惊讶地）啊？在哪里呀？
楚 人：	（激动地）你看，你看，在那儿呢。
	（书童举手遮眉，顺着楚人手指的方向望去。）
书 童：	（惊喜地）咦，真的，真的有一群鸭子呢！
	（画外音：这个时候，只听到"扑通"一声……）
楚 人：	（收起笑容，嘴巴张成"O"形）啊——
书 童：	（惊呼起来）哎呀公子，你的宝剑掉啦！赶紧的，我跳到河里，帮你把它捞起来吧！
楚 人：	（拦住书童，镇定地）不——必！
书 童：	（不解地）怎么？
楚 人：	（胸有成竹地）看这个！

（楚人从右衣兜里掏出一把小刀。）

书　童：（愈加不解）一把小刀，你要干什么？你要把船凿了吗？

楚　人：（不紧不慢地）剑，是从这里掉下去的，我们只要在这里做一个记
号，等船到岸了，我们再去寻找就可以了。

书　童：（疑惑地）哦，是吗？还可以这样啊？

楚　人：（自信地）当然啦，你就相信我好啦！

书　童：（若有所悟地）哎呦，原来是这样，还有这么好的办法，原来如此啊！

（楚人在船舷上刻上了记号……）

师：他表演得好不好？

（生齐声说好）

师：非常好！掌声送给他。

接下来，再请两位同学表演下半段，难度更大了，完全要自己编台
词了。船到岸边了，楚人跳到河里去找剑了。后来发生了什么？旁边的路
人甲在那里看呢。他会说些什么？他下水，又游上来，他们彼此之间会说
什么？同桌之间商量一下。

（同桌讨论，师提醒：猜猜看，路人甲会怎么问，这位公子会怎
么说。）

师：哪位扮演楚人？再找一个路人甲。我扮演河边的一块石头。
（生笑）

师描述：你"哗哗哗"地游上来，喘着气："哎呀，累死我了！"你是潜
水下去的，你要攀在石头上休息会儿，你在休息的时候，路人甲就来问话了。

（师与两位同学合作表演）

（船行到岸边后，楚人潜入水中寻剑，找了一会儿，没有找到，
上岸攀在一块大石头上休息。）

路人甲：（好奇地）咦，这位公子，你怎么了？

楚　人：（气喘吁吁地）哦，我刚刚去找我的剑。我的剑明明就是从这里掉
下去的，怎么找不着了呢？

路人甲：	（关切地）哦，你的剑在哪里掉的？
楚　人：	（边挠头边回想）我的剑啊……在我撑船的时候……一不小心脱手，掉到水里去了。
路人甲：	（摇了摇头，意味深长地）身已行矣，而剑不行，求剑若此，不亦惑乎！你应该当即跳下水去寻找。现在船已靠岸了，剑还在原地，没有动。
楚　人：	（恍然大悟地）哦，原来是这样啊！

师：掌声送给他们！这个同学把文章里的话变成台词了，真棒！最后，再请一组同学，谁愿意试试看？

（两位同学表演，师念旁白。）

旁　白：	船靠岸了，公子"扑通"一声就跳到了水里，好一阵寻找。
	（楚人旋即纵身跳入水中，四处搜寻宝剑，根本不见剑的踪迹。他游上岸，抱住岸边一块石头，喘着粗气。）
楚　人：	啊，累死我了，累死我了！
路人甲：	（走近看看）这里发生了什么事儿？
楚　人：	（大口喘着气）我在船上看风景的时候，太兴奋了，剑掉到水里去了。
路人甲：	（明白了）哦，你怎么能这样找剑呢？舟已经行驶很长时间了，而剑在那里是不会动的。
楚　人：	（跺脚）哎呀，我的脑子真是糊涂啊，我以为剑会跟着船走呢。
路人甲：	（笑笑）剑又没有绑在船上，怎么会动呢？
楚　人：	（长叹一声）唉……

师：你们表演得太棒了！我们一起再读一遍，感受一下刚才四位同学给我们带来的画面。

（生齐诗古文）

师：今天的课就上到这里，谢谢同学们，下课！

下编 如是我读

我读古诗文

引　言

有一次，教学生读蒲松龄的《牧竖》，我引导学生变换人称和视角创造性地复述这个故事，一个学生这样写——

今天我的运气特别好，逮到了一头羊。我叼着羊欣喜地回到窝里，却发现我的两个孩子都不见了。我绕着窝闻了一下，发现了人和孩子们的气味，我肯定他们就在附近。我十分着急，生怕孩子们出事。

正当我急得团团转的时候，忽然听见一声微弱的叫声。对！这是我孩子的叫声！我抬起头顺着声音寻找，发现我的孩子被一个牧童抓到了一棵树上。我立刻跑到树下，心急如焚，怒吼着用爪子抓着树干，想爬上去，可是总不行。突然，我又听到了另一个孩子的叫声。环顾四周，发现他被另一个牧童抓到了另一棵树上。我都要急疯了。我跑到另一棵树下，吼叫着，抓着树干。抓着抓着，另一个孩子又被牧童折磨得叫起来。我立刻又跑回刚才那棵树下。就这样，我来回跑着，叫着。我要救自己的孩子。可是，我的体力渐渐耗尽，我跑得越来越慢，叫也叫不动了。过了一会儿，我再也跑不动了。我大口大口地喘着气，感觉呼吸很困难。最后我"扑通"一声倒在了地上。眼前越来越模糊了，我慢慢闭上了眼睛，心里想着救救孩子。

每次读到这样的学生习作，我总是心生欢喜。

读一首诗，读一篇文章，读一本书，都应该先读懂作者，再关联自己，从别人的诗文中获得益处，完善自己的知识结构、思维方式，得到新的情感体验。最后慢慢地形成自己的精神世界，建立自己的价值观、世界观。

教小学生学习古诗文，是为孩子精神世界的形成，价值观、世界观的建构做一点基础工作，提供基本的资源。所以在教的过程中，从材料里找到好的切入点，设计出适合儿童的思维能力训练途径比讲解字词意思重要得多。要教学生读好，教师自己先要读好读懂。对于古诗文，大声读，关联读，批判读，总是不错的方法。读的同时，积累词汇，看懂情节，找出重点，读清脉络，就能为教找到更多的资源。

另外，近些年，海外关于儿童阅读策略的成果在国内传播很广，影响很大，比如：预测推理，先备知识，图像化阅读，整合资讯，联系生活等等。如果能适当地将之用于阅读指导的过程中，大有裨益。

阅读就是对话，与作者对话，与自己对话，与世界对话。教师阅读，还要加一项——与学生对话，或者一边与学生对话，一边教他们学习对话。

一、古诗编

江　村

（唐）杜　甫

清江一曲抱村流，长夏江村事事幽。
自去自来梁上燕，相亲相近水中鸥。
老妻画纸为棋局，稚子敲针作钓钩。
但有故人供禄米，微躯此外更何求？

如是我读

诗人流亡多年终于来到一个僻静的小村庄，找到了栖身之所。小村庄环境不错，清溪环绕，鸥燕飞翔。一个"抱"字能让我们感受到诗人对这个临时的居所还算是满意的。但诗人笔锋突然一转，由景到人。要下棋，没棋盘，只好自己画。要钓鱼，没鱼钩，只好自己做。读到这里我们可以猜测，钓鱼恐怕不为消遣，而是为了果腹充饥，毕竟是在战乱之中逃难啊。怎么猜出来的？你看——"但有故人供禄米，微躯此外更何求？"只要有人拿来米，还有什么奢求呢？诗人一家已经困窘如此。一首好诗总能让读者感受到多样的信息。

客　至

（唐）杜　甫

舍南舍北皆春水，但见群鸥日日来。
花径不曾缘客扫，蓬门今始为君开。
盘飧市远无兼味，樽酒家贫只旧醅。
肯与邻翁相对饮，隔篱呼取尽余杯。

如是我读

草堂南北，春水漫漫，只见鸥鸟天天成群而至。这样的景象衬托出诗人欣喜的心情。不仅如此，他为了迎接客人还特地打扫了庭院小路，打开了用蓬草编成的门。要知道，平时可是路不扫、门不开的。虽然酒菜不怎么样，但"花径不曾缘客扫，蓬门今始为君开"已经说明了诗人的热情。诗人甚至还兴奋地问客人，肯不肯与邻家的老翁相对而饮。

这首七律诗工整流畅，从迎客到欢饮，线索清晰。景色、动作、对话、酒菜等生活场景融合在一起，把诗人愉快的心情完全呈现在我们面前。

咏怀古迹（其三）

（唐）杜　甫

群山万壑赴荆门，生长明妃尚有村。
一去紫台连朔漠，独留青冢向黄昏。
画图省识春风面，环佩空归月夜魂。
千载琵琶作胡语，分明怨恨曲中论。

这首诗的主人公是汉朝出塞和番的王昭君。群山之中的大江奔向远处的荆门山,而那里是王昭君生长的地方。其实诗人并没有到达昭君生活过的小山村,而是在远眺遐想。他想到王昭君远嫁匈奴,最终客死他乡的悲凉结局。"画图省识春风面"中有一个传说:宫廷画师没有如实画出王昭君的相貌,皇帝便选了她去和番。见到王昭君后,皇帝发现她远比画像漂亮,就后悔了,但来不及了。"环佩空归月夜魂"则是再一次强调王昭君无法回归祖国的痛苦。而且王昭君创作的乐曲流传千年,感染着后人。整首诗层层递进,将王昭君对故乡的无尽思念、无穷怨恨表达得淋漓尽致。可杜甫只是在写王昭君吗? 不是。漂泊异乡,想念故土,有家难归,这不正是诗人当时的境况吗? 这就是此诗的高妙之处。

贫 女

（唐）秦韬玉

蓬门未识绮罗香,拟托良媒益自伤。
谁爱风流高格调,共怜时世俭梳妆。
敢将十指夸针巧,不把双眉斗画长。
苦恨年年压金线,为他人作嫁衣裳。

读这首诗好像在听一个女子倾诉自己抑郁惆怅的心绪:"我"生在蓬门陋户,自幼未有绮罗沾身,便是到了待嫁之年,也无媒人前来提亲。如今人们都追逐时髦,还有谁来欣赏我不同流俗的情怀? 我虽有一双巧手,却决不迎合世俗——将两条眉毛画得长长的,去与他人争妍斗丽。自己的亲事渺茫无望,却天天忙着刺绣,为他人作嫁衣裳! 日复一日,年复一年! 这个女子的心境恰恰与诗人怀才不遇的苦闷相契合,缘此,则有了这首诗。

题宣州开元寺水阁阁下宛溪夹溪居人

（唐）杜　牧

六朝文物草连空，天淡云闲今古同。

鸟去鸟来山色里，人歌人哭水声中。

深秋帘幕千家雨，落日楼台一笛风。

惆怅无因见范蠡，参差烟树五湖东。

如是我读

　　诗人第二次来到宣州，游玩开元寺，看着美景，浮想联翩。"六朝文物"随着岁月流逝已被杂草包围，但是天上的白云却是古今相同的。这一个对比道出了沧桑之感。"鸟去"两句写出鸟也罢、人也好，都在这里生活居住了很长时间。这与"天淡"一句的意境是一样的。因为有人居住，所以下雨时可以看到家家户户挂着帘子，落日之中听到了悠扬的笛声。"落秋"两句写出了视觉、听觉，阴与晴的不同。尾联由写景到抒怀，杜牧想起了先秦的范蠡。为什么独独想到了他？真实的原因我们不得而知，只能凭着自己的理解从各个角度去猜想，比如：范蠡到过宣城？杜牧能望见太湖？杜牧也想像范蠡一样辞官后闲散地生活等等。而这样的猜想经历就是读诗的乐趣之一。

读老杜诗集

（宋）王　令

气吞风雅妙无伦，碌碌当年不见珍。

自是古贤因发愤，非关诗道可穷人。

镌镵物象三千首，照耀乾坤四百春。

寂寞有名身后事，惟余孤冢来江滨。

如是我读

　　在古人创作的诗歌里有一种评论他人诗作的诗。于短短几十个字内将别人的诗歌特色、成就分析到位，谈何容易！这首七言律诗评论的是杜甫。第一句就说杜诗的成就很高，无与伦比。"自是"两句是说杜甫遭遇乱世，发愤作诗，记录下当时国家的状况，抒发自己的心声。"镌镵"两句是名句，概括了杜诗的内容，抒发了王令发自内心的崇敬之情。整首诗写到这里，情绪到达顶点，突然作者来了一个转折，感叹杜甫虽然大名辉耀后世，诗篇流传千古，但毕竟是"寂寞身后事"。这就与"碌碌当年不见珍"呼应起来，表达了作者对杜甫一生郁郁不得志的同情。

村　行

（宋）王禹偁

马穿山径菊初黄，信马悠悠野兴长。

万壑有声含晚籁，数峰无语立斜阳。

棠梨叶落胭脂色，荞麦花开白雪香。

何事吟余忽惆怅，村桥原树似吾乡。

如是我读

　　这首七言律诗是王禹偁被贬官后所写。"马穿山径菊初黄"点出了地点和季节，诗人信马由缰地观赏秋景。"万壑有声含晚籁"写的是山间的声响。"数峰无语立斜阳"则写了诗人见到的景色。"有声"与"无语"两种截然不同的境界相映成趣，衬出山村傍晚的寂静。"棠梨"两句从色彩着笔，将山村之景描绘得斑斓生香。最后又由景转为抒情，前句设问，后句自答，传神地写出了诗人心情由悠然至怅然的变化，诗意得到拓展。读了这首诗，我们的脑海中或许会浮现出一个问题，好心情怎么会一下子消失，诗人怎么会突然起了思乡之情？其实联系作者被贬官的遭遇，就能猜得出来。

和子由渑池怀旧

（宋）苏　轼

人生到处知何似，应似飞鸿踏雪泥。

泥上偶然留指爪，鸿飞那复计东西。

老僧已死成新塔，坏壁无由见旧题。

往日崎岖还记否，路长人困蹇驴嘶。

如是我读

古代文人写了一首诗送给朋友，朋友依据诗的韵脚，也写一首回赠，这就叫和诗。这是一种礼仪，也是一件很风雅的事。

苏轼生性放达，为人率真，虽屡次被贬官，遭受磨难，却不怨天尤人。苏轼和苏辙兄弟俩曾到过渑池，并曾在那儿的一所寺院里住宿过，寺院里的老和尚奉闲曾殷勤地招待他们，他们还在寺内的墙壁上题过诗。当苏轼因苏辙的怀旧诗回忆起这些情景时，奉闲已经去世，题诗的墙壁也可能已经坏了。苏轼想到自己漂流不定的生活，不由得感慨起来，他说，为了谋生而东奔西走的人就像一只南来北往的鸿雁。脚爪踏在雪泥之上，偶然留下指爪的痕迹，转眼却又飞走了。看那留下的痕迹，根本不知道它要飞到哪里去。不过正因为如此，索性豁达一些，在人生的道路上不要去管那么多。

闲适吟

（宋）邵 雍

南窗睡起望春山，山在霏微烟霭间。

千里难逃两眼净，百年未见一人闲。

情如落絮无高下，心似游丝自往还。

又恐幽禽知此意，故来枝上语绵蛮。

如是我读

邵雍一生不求功名，避居山林。这一天诗人睡醒起床，远望被雨雾笼罩的春山，忽然发出感慨，千里江山在"我"眼中是一片清净世界，可千百年来从未有一个真正闲适下来、不奔波劳碌之人。"千里"和"百年"从时间和空间两个视角一下子将诗的意境变得很阔大。诗人望着眼前的景色，开始冥想，情绪犹如柳絮飘荡不定，又像飘浮在空中的蛛丝空自来回。他很享受这样的安宁与闲适，所以不由得担心鸟儿故意落在枝头叽叽喳喳地鸣叫，打破这一片清幽。虽然我们并不能真正猜到诗人当时到底在想什么，但感受诗人一"望"、一"思"、一"惧"的过程，也是别有意味的。

岳鄂王墓

（元）赵孟頫

鄂王墓上草离离，秋日荒凉石兽危。
南渡君臣轻社稷，中原父老望旌旗。
英雄已死嗟何及，天下中分遂不支。
莫向西湖歌此曲，水光山色不胜悲。

如是我读

赵孟頫是宋朝皇帝的宗室，面对一心抗金保宋的岳飞的墓地，心中应该别有一番滋味吧。在这首诗中，诗人先将视线聚焦在一派萧索荒凉的秋景之中，对岳鄂王墓进行了全面的写照。接着用工整的颔联，通过鲜明的对比，写出南宋统治者的腐朽无能，作者的悲愤之情溢于言表。颈联转而直抒胸臆，在赞颂岳飞卓越历史功绩的同时，透露出对国破家亡的愤恨。这前面的三叹，一叹重于一叹，感情也渐次加深，由英雄的坟墓想到偏安的小朝廷，再想到国破家亡，诗人的悲痛之情如决堤之水一发不可收，即便是面对这湖光山色，也让人心中悲伤无限。全诗借史抒怀，咏叹岳飞的屈死，又借此抒发国破家亡、寄身他乡的悲愤之情。

怀 归

（元）倪 瓒

久客怀归思惘然，松间茅屋女萝牵。
三杯桃李春风酒，一榻菖蒲夜雨船。

鸿迹偶曾留雪渚，鹤情原只在芝田。

他乡未若还家乐，绿树年年叫杜鹃。

　　这是一首怀乡之作。倪瓒生活在元末明初，起先家境殷实，生活无忧，后来家道中落，信奉道教，常年漂泊异乡，这首诗便是此时的作品。诗中有他对眼前景色的描写，但更多的是他对故乡的思慕与无法排解的惘然之情。尤其是颔联两句，"三杯桃李春风酒"看似写尽春光灿烂，但结合后一句"一榻菰蒲夜雨船"，不禁让人悲从中来。原来是诗歌中的乐景，但诗人却借它抒发心底深处无法用言语表达的故土难回的凄凉之情。

小桃红

（元）倪　瓒

　　一江秋水澹寒烟，水影明如练，眼底离愁数行雁。雪晴天，绿萍红蓼参差见。吴歌荡桨，一声哀怨，惊起白鸥眠。

　　倪瓒是大画家，在写景时，他将白鸥、蓝天、绿萍、红蓼等巧妙地调和在一起，构成一幅美好的画卷。再配以飞行的大雁、划动的船桨，使静态的画面有了动感，动静交错，颇有韵致。另外，从作者观察视角的变化也可以感受到另一种动态。先是远眺江水，再抬头看天，最后低头细看船桨、绿萍。写景往往与抒情在一起，在这样漂亮的景致中作者却在"哀怨"。作者早年生活条件优越，后来贫困潦倒。是不是因此而愁，我们不得而知。美景、离愁交织在一起，耐人寻味。

后庭花

（元）赵孟頫

　　清溪一叶舟，芙蓉两岸秋。采菱谁家女，歌声起暮鸥。乱云愁，满头风雨，戴荷叶归去休。

　　这是一首即景抒情之作。整首作品笔法多变，先用清溪芙蓉勾勒出美景。王维有一首《青溪》，其中写道："我心素已闲，清川澹如此。"想来赵孟頫此时的心情也是悠闲自在的吧。写了景再写人。"采菱"二句又让人不禁想到了李清照的"兴尽晚回舟，误入藕花深处。争渡，争渡，惊起一滩鸥鹭。"采菱女原本娴静安适，突如其来的大雨让她们一阵忙乱。但"戴荷叶归去休"的结句却又在动荡中传递出一份"处乱不惊"：采菱女从容不迫地采下一茎荷叶戴在头上作雨具，返舟归家。作者多次化用前人诗意，方寸之间新意迭出。

卖花声·怀古（节选）

（元）张可久

　　美人自刎乌江岸，战火曾烧赤壁山，将军空老玉门关。伤心秦汉，生民涂炭，读书人一声长叹。

　　张可久（约公元 1270 年—1350 年），字小山，庆元（今浙江宁波市鄞州区）人，元朝著名散曲家、剧作家，与乔吉并称"双璧"，与张养浩合为"二张"。现存小令 800 余首，为元曲作家创作数量最多者。

　　这是一首咏史之曲。开头连用三个典故，从东向西点出古代战争史上三处胜地以及三个古人。项羽自刎，周瑜早逝，班超出使西域三十余年后好不容易回到洛阳，但当年就病死。古代的这些英雄的故事看似壮烈，实则也有惨然的况味。如果说前三句从空间上描述，那么第四句和第五句则从时间上展现战争对老百姓的伤害。作品虽从空间到时间，主题却是清楚的，那就是战争对人、人性的伤害。由此，作者的"一声长叹"就显得尤其沉重。

喜春来（节选）

（元）张养浩

　　无穷名利无穷恨，有限光阴有限身，也曾附凤与攀鳞。今日省，花鸟一般春。

如是我读

　　张养浩（公元1270年—1329年），字希孟，号云庄，又称齐东野人，济南（今山东济南）人，元代著名散曲作家。死后追封滨国公，谥文忠。

　　张养浩为官清正，多次直言疏谏。元英宗时上疏谏言，英宗先是大怒，后来读了奏章又转怒为喜，后采纳其言，并予赏赐。张养浩深感伴君如伴虎，遂弃官回乡。正是因为有这样的经历，作者才会用两对"无穷"和"有限"深刻地写出对官场的认识。"附凤"和"攀鳞"是个典故，讲的是汉光武帝刘秀未做皇帝时带兵征战，部将请其先称帝，刘秀不允。部将耿纯说，大家跟着你打天下，为的是"攀龙鳞，附凤翼，以成其所志耳"。意思是说依附君王建功立业。张养浩用这个典故含蓄道出自己过去的想法，也为后面两句作铺垫，强烈地表现出当下幡然醒悟之状。从"无穷名利无穷恨"到"花鸟一般春"，我们体会到的是他从厌恶、失望、憎恨到闲适、通达的情绪变化，那么小的篇幅，这么大的格局，真好。

阳春曲·春景（节选）

（元）胡祇遹

　　残花酝酿蜂儿蜜，细雨调和燕子泥。绿窗春睡觉来迟。谁唤起，窗外晓莺啼。

如是我读

　　胡祇遹（公元1227年—1295年），字绍开，号紫山。磁州武安（今河北武安）人。元代文章家、诗人、曲家。

　　"残花"二句用对仗的方式描写蜜蜂酿蜜、燕子啄泥的景象。花虽残败，却仍为蜜蜂酝酿花蜜。春雨迷蒙，是为燕子筑巢拌和春泥。拟人化的描绘，让生机勃勃的春天充满了温情。接着，作者化用孟浩然《春晓》的诗意，笔锋一转写自己静卧床上，在一片葱绿的光影中缓缓睁开惺忪的睡眼。从"觉来迟"可以看出作者睡得舒服、醒得惬意。前两句写动，这一句写静，一动一静都是春意。"谁唤起，窗外晓莺啼"更妙，用问答的方式将窗外绿树丛里的黄莺也拉入这幅春天的图景中。试想，几只黄莺在树叶间欢快啼鸣，作者起身张望，观赏春景，这是多么美妙的画面啊！

作者随性漫记美好的春日，闲适、喜悦之情跃然纸上。

塞鸿秋·浔阳即景
（元）周德清

长江万里白如练，淮山数点青如淀，江帆几片疾如箭，山泉千尺飞如电。晚霞都变露，新月初学扇，塞鸿一字来如线。

如是我读

周德清（公元 1277 年—1365 年），字日湛，号挺斋，高安（今江西高安）人。元代著名音韵学家、戏曲作家。

这首写景小令共七句、四十五字，分则一句一景，合则动静交错，明暗相间，尽显浔阳山水之韵。"长江""淮山"两句从大处、远处起笔，让秋日大江远山的苍茫、高远跃然眼前。"江帆""山泉"两句从细处、近处承上，以江帆飞泉的迅疾飞奔使画面由静转动。"晚霞""新月"两句又将我们的视线从地上转至天上，为之前描摹的地上之景增添了一份朦胧美、流动感。尤其是其中一个"学"字，让月亮也有了人情味，这样的景情交融使人读来顿生摇曳生姿之感。而结句写呈一字形掠过江天的塞外归雁，不仅点明了季节、时令，更以其苍莽雄浑的意境与前四句遥相对称，这样既使全篇浑然一体，又为我们留下了无尽的遐想。全篇看似铺陈景色，实际上作者通过不同角度的比喻，将自己的感受完全融入其中。说"江帆"像"箭"，配以"几片"更显小船的轻捷。说"山泉"飞流如电，配以千尺之高度，才能看得分明。诸如此类，细读进去，真是精妙。

梅 村

（清）吴伟业

枳篱茅舍掩苍苔，乞竹分花手自栽。

不好诣人贪客过，惯迟作答爱书来。

闲窗听雨摊诗卷，独树看云上啸台。

桑落酒香卢桔美，钓肥斜系草堂开。

如是我读

　　吴伟业生活在明末清初，入清后被迫为官，虽后来辞官，但为此抱恨终身。这首诗是他隐居乡间时写的。整首诗营造了一种闲适恬淡、清幽自在的氛围，流露出诗人风雅脱俗的情怀和对乡村宁静质朴生活的喜爱。"不好诣人贪客过，惯迟作答爱书来"很可回味。"不好诣人"和"惯迟作答"体现了诗人不屈己、懒于应酬的清高孤傲，但是"贪客过""爱书来"又体现出诗人不甘寂寞、渴望交往的另一面。这样矛盾的心理状态用对仗的形式写出来，给读者留下了更深的印象。

二、古文编

《孟子》选读一

　　孟子曰："三代之得天下也以仁，其失天下也以不仁。国之所以废兴存亡者亦然。天子不仁，不保四海；诸侯不仁，不保社稷；卿大夫不仁，不保宗庙；士庶人不仁，不保四体。今恶死亡而乐不仁，是犹恶醉而强酒。"

如是我读

　　孟子说"仁"很重要。他说："夏、商、周三代得到天下是因为仁，后来失去天下是因为不仁。一个国家的兴衰存亡也是这个道理。天子不仁，不能保有天下；诸侯不仁，不能保住国家；士大夫不仁，不能保住宗庙；士人和百姓不仁，不能保全自身。现在的人厌恶死亡却又乐于做不仁的事，这就好像厌恶醉酒却又偏偏要拼命喝酒一样。"孟子从时间上和不同的对象两个角度谈论了没有仁的后果。这样说让人印象更深。

《孟子》选读二

孟子曰："圣人，百世之师也，伯夷、柳下惠是也。故闻伯夷之风者，顽夫廉，懦夫有立志；闻柳下惠之风者，薄夫敦，鄙夫宽。奋乎百世之上，百世之下，闻者莫不兴起也。非圣人而能若是乎？而况于亲炙之者乎？"

如是我读

榜样对于一个人的进步非常重要。孟子认为圣人是最好的榜样，在他眼中，伯夷和柳下惠就是圣人。接着，孟子分别介绍了向这两位圣人学习能让贪婪的人变得廉洁，懦弱的人有了立志的决心。刻薄成性的人变得厚道，胸襟狭窄的人变得宽宏大度。最后，孟子用反问句总结：听到他们事迹的人没有不为之而振奋的。不是圣人能够像这样吗？更何况那些亲受他们熏陶的人呢？听了孟子这番言说，你是不是忍不住要去查询伯夷和柳下惠到底是谁？做过些什么事？然后也向他们学习呢？

《孟子》选读三

王子垫问曰："士何事？"孟子曰："尚志。"曰："何谓尚志？"曰："仁义而已矣。杀一无罪非仁也，非其有而取之非义也。居恶在？仁是也；路恶在？义是也。居仁由义，大人之事备矣。"

如是我读

仁义是儒家经常谈论的话题。有一次，王子垫问孟子，士应该做什么事？孟子就借着这个由头说起来了。他说，士应该追求志行高尚。王子垫又问，志行高尚指的是什么？孟子说："就是仁和义啊。杀死一个无罪的人，是不仁；不是自己的东西却去占有，是不义。居住的地方在哪里？

仁便是。走的道路在哪里？义便是。居于仁而行于义，大人的事便齐备了。"孟子借着别人的提问，像剥笋一样，把仁义的意思解释出来。他真是很会说话——先告诉别人什么是不仁不义，再说明仁与义的关联、区别以及作用。几句话，环环相扣，一气呵成。

《孟子》选读四

孟子曰："孔子登东山而小鲁，登泰山而小天下，故观于海者难为水，游于圣人之门者难为言。观水有术，必观其澜，日月有明，容光必照焉。流水之为物也，不盈科不行；君子之志于道也，不成章不达。"

如是我读

孟子说："孔子登东山后看鲁国，觉得鲁国变小了，登上泰山看天下，觉得天下变小了。所以看过大海波澜壮阔的人就觉得其他的水都难以称得上是水了，在圣人门下接受启迪的人就觉得其他的议论都不足观了。"这是告诉我们求学、做学问要站得高才能看得远。这是策略。紧接着孟子又介绍了方法——抓住事物的特点，先了解其优点。最后讲做学问要凭着毅力打好基础。一小段话，说了三个方面的道理，看我这样分析，你一定觉得有点枯燥吧。好在原文不是这样的，孟子用了不少比喻，虽然他没有把道理直接写出来，但看了这些比喻，我们对他要说的道理印象更深，启发更多了。

《孟子》选读五

孟子曰："鸡鸣而起，孳孳为善者，舜之徒也；鸡鸣而起，孳孳为利者，跖之徒也。欲知舜与跖之分，无他，利与善之间也。"

如是我读

孟子很善于说道理，为了让别人明白圣君舜和盗贼跖的区别，他说："晨鸡报晓时就起身，孜孜不倦地行善者，就是舜一类的人；晨鸡报晓时就起身，一刻不停地求利者，就是盗跖一类的人。想要了解舜和跖之间的区别，没有别的，只在行善和求利的不同罢了。"

同样的"鸡鸣而已"，引出不一样的结果，反复朗读这些朗朗上口的句子，可以将求利与为善的区别理解得更清晰。

《孟子》选读六

孟子曰："人之所不学而能者，其良能也；所不虑而知者，其良知也。孩提之童，无不知爱其亲者，及其长也，无不知敬其兄也。亲亲，仁也；敬长，义也；无他，达之天下也。"

如是我读

孟子又谈仁义了。这次他将仁义与孝敬长辈结合在一起。这样说，能让人对仁义了解得更清楚。不过他没有直接说仁义，而是先说："人不学而能做到的，是本能；不用考虑就知道的，是自身的意识。孩子没有不知道爱自己亲人长辈的，等到他长大，没有不知道尊敬兄长的。"孟子认为，人生来就是善的，生来就具有仁义之心。所以他又说："爱亲人，是仁的表现；尊敬长者，是义的表现。有了仁义，即便没有其他的，也能通达天下之事了。"可见，仁义本来就存在于人性中，我们要做的就是将其保护好。读懂意思之后，我们还应注意到孟子用相同的句式，将短短的一段话表现得非常有气势，读起来，朗朗上口。

《孟子》选读七

孟子曰："子路，人告之以有过，则喜。禹闻善言，则拜。大舜有大焉，善与人同，舍己从人，乐取于人以为善。自耕稼、陶、渔以至为帝，无非取于人者。取诸人以为善，是与人为善者也。故君子莫大乎与人为善。"

如是我读

孟子举出很多例子来解释"与人为善"。他说："子路，别人把他存在的过错告诉他，他就很高兴。大禹听到有益的话就行礼答谢。大舜更是不得了，总与别人一起做善事。舍弃自己的不足来顺从他人的长处，乐于吸取他人的长处来行善。他从种地、做陶器、捕鱼一直到当上部落首领，没有哪个时候他不向别人学习的。吸取别人的优点来行善，这就是与人为善。因此君子行事没有比与人为善更为伟大的了。"从子路到大舜，由近及远，从普通人到君王，周详地阐述。不过你发现了吗？孟子说的"与人为善"与我们现在说的"与人为善"有些不同。

《孟子》选读八

孟子谓万章曰："一乡之善士斯友一乡之善士，一国之善士斯友一国之善士，天下之善士斯友天下之善士。以友天下之善士为未足，又尚论古之人。颂其诗，读其书，不知其人，可乎？是以论其世也。是尚友也。"

如是我读

孟子对万章说："一个乡的优秀人物就和这一乡的优秀人物交朋友，一国中的优秀人物就和这一国的优秀人物交朋友，天下的优秀人物就和天下的优秀人物交朋友。认为同天下的优秀人物交朋友还不够，就又上溯至古代的优秀人物。吟诵他们的诗，读他们的著作，〔但〕不了解他们的为人，行吗？所以还要研究他们所处的那个时代。这就是上溯历史同古人交朋友。"

这是一段关于交友的诤言，从一乡之士到天下之士，孟子强调了要与同时代的"善士"为友，更要与古仁人为友。怎么与古人为友呢？孟子提供了方法：诵其诗，读其书，了解其人，研究其所在的年代。这就是我们现在说的"知人论世"，这四个字是研究学问的重要方法。

《孟子》选读九

公都子问曰："钧是人也，或为大人，或为小人，何也？"孟子曰："从其大体为大人，从其小体为小人。"曰："钧是人也，或从其大体，或从其小体，何也？"曰："耳目之官不思，而蔽于物。物交物，则引之而已矣。心之官则思，思则得之，不思则不得也。此天之所与我者。先立乎其大者，则其小者不能夺也。此为大人而已矣。"

如是我读

孟子善于借回答别人的问题，层层推进阐述自己的观点。公都子问他："同样是人，有的成为君子，有的成为小人，这是为什么呢？"孟子说："注重身体重要部分的成为君子，注重身体次要部分的成为小人。"公都子又说："同样是人，有的人注重身体的重要部分，有的人注重身体的次要部分，这又是为什么呢？"孟子说："眼睛、耳朵这类器官不会思考，所以被外物蒙蔽，一与外物接触，便容易被引入迷途。心这个器官则有思考的能力，一思考就会有所得，不思考就得不到。这是上天特意赋予我们人类的。所以首先把心这个身体的重要部分树立起来，其他次要的部分就不会被引入迷途。这样便可以成为君子了。"在琢磨孟子的讲述时，我们也应该留意公都子的提问。在求学过程中，会质疑才能真正学到东西。

《孟子》选读十

邹与鲁哄。穆公问曰："吾有司死者三十三人，而民莫之死也。诛之，则不可胜诛；不诛，则疾视其长上之死而不救，如之何则可也？"孟子对曰："凶年饥岁，君之民老弱转乎沟壑，壮者散而之四方者，几千人矣；而君之仓廪实，府库充，有司莫以告，是上慢而残下也。曾子曰：'戒之戒之！出乎尔者，反乎尔者也。'夫民今而后得反之也，君无尤焉！君行仁政，斯民亲其上，死其长矣。"

如是我读

善于说话的人，当别人问他问题时，往往先不直接回答，而是兜一个圈子，慢慢进入正题。邹国和鲁国发生了战争。邹穆公问孟子："我手下的官吏战死了三十三人，而百姓一个也没有死。要是杀掉他们，则杀不胜杀；如果不杀他们，又憎恨他们看着长官战死而不去救助。对他们怎么办才好呢？"邹穆公这样问，说明他没有意识到自己的统治出了问题。孟子就先回避刚才的问题，而是列举了一些现象："歉收饥荒的年头，您的老百姓，年老体弱的辗转饿死在沟坑里，强壮的逃散到四面八方的，有几千人；而您的米仓里却堆满了米，库房里堆积着金银，当官的没有把上述情况向您报告，这是官吏骄慢、不负责任而残害人民的做法。"接着他又用曾子的话来提醒邹穆公："要谨慎啊要谨慎啊，你怎样对待老百姓，老百姓也将用你的方法、态度对待你。"我们可以猜得出，邹穆公听了这番话后一定有些紧张了。于是，孟子安慰他说："老百姓如今把原来官吏对待他们的态度报复给了官吏们，您不必忧虑这件事。只要您实行了仁政，老百姓就会爱戴他们的长官，甘心为长官效死。"听了孟子的劝告，邹穆公应该会调整治理国家的方法了吧。

《孟子》选读十一

景春曰："公孙衍、张仪岂不诚大丈夫哉？一怒而诸侯惧，安居而天下熄。"孟子曰："是焉得为大丈夫乎？子未学礼乎？丈夫之冠也，父命之；女子之嫁也，母命之，往送之门，戒之曰：'往之女家，必敬必戒，无违夫子！'以顺为正者，妾妇之道也。居天下之广居，立天下之正位，行天下之大道。得志，与民由之；不得志，独行其道。富贵不能淫，贫贱不能移，威武不能屈，此之谓大丈夫。"

如是我读

这是孟子与景春的一次辩论。景春认为公孙衍、张仪"一怒而诸侯惧，安居而天下熄"，能够左右诸侯，挑起国与国之间的战争，也能平息战争，是了不得的男子汉大丈夫。孟子对此完全不认可。他驳斥道："这怎么能够叫大丈夫呢？你没有学过礼吗？男子举行加冠礼的时候，父亲给予训导；女子出嫁的时候，母亲给予训导，送她到门口，告诫她说：'到了丈夫家里，一定要恭敬，一定要谨慎，不要违背你的丈夫！'以顺从为原则的是妾妇之道。至于大丈夫，则应该住在天下最宽广的住宅里，站在天下最正确的位置上，走着天下最光明的大道。得志的时候，便与老百姓一同前进；不得志的时候，便独自坚持自己的原则。富贵不能使我骄奢淫逸，贫贱不能使我改移节操，威武不能使我屈服意志。这样才叫作大丈夫。"这次，孟子没有绕弯子，估计他当时一定是很生气吧。一口气说出来的"富贵不能淫，贫贱不能移，威武不能屈"是对景春的回击，也成为中国人千百年来追求的人格典范。

《孟子》选读十二

　　孟子曰："不仁者可与言哉？安其危而利其菑，乐其所以亡者。不仁而可与言，则何亡国败家之有？有孺子歌曰：'沧浪之水清兮，可以濯我缨；沧浪之水浊兮，可以濯我足。'孔子曰：'小子听之！清斯濯缨，浊斯濯足矣。自取之也。'夫人必自侮，然后人侮之；家必自毁，而后人毁之；国必自伐，而后人伐之。《太甲》曰：'天作孽，犹可违；自作孽，不可活。'此之谓也。"

如是我读

　　孟子说："不仁的人还能同他讲什么吗？他们面临危险还自以为安全，灾祸临头还自以为得利，把导致亡国败家的事当作快乐。不仁的人如果还能同他谈什么，哪还会有亡国败家的事呢？从前有个孩子唱道：'沧浪的水碧清哟，可以洗我的帽带；沧浪的水浑浊哟，可以洗我的脚。'孔子说：'弟子们听着！水清就洗帽带，水浊就洗脚了。这是由水自己招来的。'一个人必然是自己招致侮辱，人家才来侮辱他；一个家必然是自己招致毁败，人家才来毁败它；一个国必然是自己招致讨伐，别人才来讨伐它。《太甲》说：'上天降灾，还可以躲避；自己作孽，逃也逃不掉。'说的就是这个意思。"

　　孟子引经据典来说明一个人如果自己的行为不端，会使自己蒙羞；国家的行为不端，会使国家走向灭亡的道理。而之所以会"自作孽"，就是因为"不仁"，可见"仁"之重要。

诫子书

（三国）诸葛亮

夫君子之行，静以修身，俭以养德。非淡泊无以明志，非宁静无以致远。夫学须静也，才须学也。非学无以广才，非志无以成学。淫慢则不能励精，险躁则不能治性。年与时驰，意与日去，遂成枯落，多不接世。悲守穷庐，将复何及！

如是我读

诸葛亮（公元181年—234年），字孔明，琅琊阳都（今山东沂南）人。三国蜀汉政治家、军事家，初隐居隆中，后佐刘备建立蜀汉政权，官至丞相，谥忠武。

《诫子书》，诸葛亮临终前写给八岁儿子诸葛瞻的一封家书，是历代学子修身立志的名篇。作者先概括地提出"静"和"俭"的作用，接着用"非宁静无以致远"和"非淡泊无以明志"具体申说"静"和"俭"。然后又阐述宁静、学习、增长才干之间的关系。为了让论述更有力，作者再从反面来谈不"静"不"俭"的后果——岁月流逝一事无成，最终悲苦地守着破房子艰难度日。短短八十六个字，正反交杂，言简意赅。最后一句话是作者对儿子的警示，同时我们也可以体会到一个父亲对年幼儿子的殷殷深情。

诫外甥书

（三国）诸葛亮

夫志当存高远，慕先贤，绝情欲，弃凝滞，使庶几之志，揭然有所存，恻然有所感。忍屈伸，去细碎，广咨问，除嫌吝，虽有淹留，何损于美趣？何患于不济？若志不强毅，意不慷慨，徒碌碌滞于俗，默默束于情，永窜伏于凡庸，不免于下流矣。

这是诸葛亮写给外甥庞涣的一封家书。在信中他劝诫外甥树立远大志向，以先贤为榜样。然后告诉他要"忍屈伸，去细碎，广咨问，除嫌吝"，即使遇到挫折也不气馁，用坚强的意志与豪迈慷慨的意气来使自己获得成功。这是实现立志高远的方法。最后，阐述做不到志存高远的后果。

这封家书句法整齐，声调抑扬。或三字一句，或五字一句。或四句一组，如"忍屈伸，去细碎，广咨问，除嫌吝"，或二句一组，如"揭然有所存，恻然有所感"，将中文特有的声韵美展现无遗。建议大家学习前先大声诵读数遍。

答陈廉夫

（宋）朱　熹

为学功夫不在日用之外，检身则动静语默，居家则事亲事长，穷理则读书讲义，大抵只要分别一个是非而去彼取此耳，无他玄妙之可言也。论其至近至易，则即今便可用力；论其至急至切，则即今便当用力。莫更迟疑，且随深浅，用一日之力便有一日之效。

朱熹（公元1130年—1200年）字元晦，号晦庵，晚称晦翁，徽州府婺源县（今江西婺源）人。著名理学家、思想家、哲学家、教育家、儒学集大成者。谥文，亦称朱文公。

朱熹是个高明的教师，他知道做学问的辛苦是学生所忧虑的。在这封信中，他一上来就说做学问的功夫在平常，日常生活中的言行举止、事亲读书全是做学问，这就一下子拉近了学生与学问之间的距离。然后说获得学问的方法也简单，分出是非，留是去非即可。甚至还特地强调没有"玄妙"可言。正因为如此，紧接着他鼓励学子不要迟疑，快快行动，早一天开始，就早一天收获。花一天时间就有一天的收获。寥寥数语，一位老夫子苦口婆心、一心劝学的急切模样好像就在眼前。当然，做学问终究不是容易的事，老夫子在鼓励之余又拖了一句"且随深浅"，算是提前关照。言下之意是，即便遇到"深"的也不必怕，只要坚持用功就行。

答宋容之

（宋）朱　熹

　　所喻读书未能有疑，此初学之通患。盖缘平日读书只为科举之计，贪多务得，不暇子细惯得意思。长时忙迫，凡看文字，不问精粗，一例只作如此涉猎。……今当深以此事为戒，洗涤净尽，别立规模，将合看文字择其尤精而最急者，且看一书，一日随力且看一两段，俟一段已晓，方换一段，一书皆毕，方换一书。先要虚心平气，熟读精思，令一字一句皆有下落，诸家注解一一通贯，然后可以较其是非，以求圣贤立言之本意。

如是我读

　　朱熹先说初学者的通病是读书不会质疑。而不会质疑是因为为了应对科举考试，贪多浏览，读书不细。针对这样的问题，朱熹提出详细的读书方法——根据自己的能力，选择精要的文字细读。看完一段换一段，看完一本换一本。等读通了，再思考辨析其中是非。从已经读过朱熹的几段话中，我们会发现他是非常强调"虚心平气，熟读精思"的为学之法的。这正是我们这个时代所缺少的。全文观点清晰、论述周密，具体的操作方法介绍得细致入微，如果学着去实践，一定会有收获。

与黄循中

（宋）陆九渊

　　人之不可以不学，犹鱼之不可以无水。而世至视若赘疣，岂不甚可叹哉！穿壤间窃取富贵者何限，惟庸人鄙夫羡之耳。识者视之，方深怜甚悯，伤其赋人之形，而不求尽人之道，至与蚁虫同其饱适好恶，虚生浪死。其在高位者，适足以播恶遗臭，贻君子监戒而已。

陆九渊（公元 1139 年—1193 年），号象山，字子静，江西抚州人。南宋著名的理学家和教育家。

全文围绕"人之不可以不学"来写，先是将人与学习的关系比作鱼和水的关系。可见，在作者眼中，学习是何等重要。随后作者说，如果人不学习，就会被人视为多余之物。接着笔锋一转，说这样的人也可能获得富贵，但此时笔锋突然再转，说即便这样的人获得了富贵，在有见识的人眼中依然是可怜虫。两次转折之后，作者逐渐激愤起来，对不学无术之人的批评越来越厉害。从空有人的形体，不做人应该做的事情，到活得像虫蚁一样毫无价值。最后甚至说，即便这样的人做了高官也只是有机会将自己的恶名传得更远，让君子们引以为戒。这几层意思层层递进。一口气将这些怒斥读到最后，再回想"人之不可以不学"，我想大家对这句话的体验一定会更深刻。全文先和缓再峻急，起伏跌宕，主旨明确，令人回味。

寄张世文

（明）王守仁

今时友朋，美质不无，而有志者绝少；谓圣贤不复可冀，所视以为准的者，不过建功名炫耀一时，以骇愚夫俗子之观听。呜呼！此身可以为尧舜，参天地，而自期若此，不亦可哀也乎？故区区于友朋中，每以"立志"为说，亦知往往有厌其烦者，然卒不能舍是而别有所先。诚以学不立志，如植木无根，生意将无从发端矣。自古及今，有志而无成者则有之，未有无志而能有成者也。

王守仁（公元 1472 年—1529 年），字伯安，别号阳明，浙江余姚人。明代著名的思想家、文学家、哲学家和军事家。谥文成，故又被后人称为王文成公。

作者先批评那些素质良好却找借口不愿立志的人，并对他们表示惋惜。作者认为如果有尧舜之才就不应该将人生目标停留在"建功名炫耀一时"上，而应该有更高的追求。正是因为存有这样的惋惜之情，所以作者即便知道有人厌烦，还是经常劝人立志。最后，作者再用树根的重要来比拟说明立志是人生首要任务，以增强文章的说服力。文章批评委婉，劝说恳切，观点鲜明。

附录：

小学生古诗文选读

小　引

我教学生读古诗文，没有现成的教材，都是根据学生的学习基础自己选编。尽力选择适合当下儿童的，有趣味、有知识、有野气，没有道学气，不违背现代理念和传统优秀价值观的文本。如果选用篇幅较长的文本，则优先考虑故事情节引人的。如果挑选故事，那么能感动人的故事、出人意料的故事和有想象空间的故事皆为首选。

现在选取一部分提供给读者诸君。因为古诗从一年级即可教，所以按照年段来编，让不同年龄的孩子读到适合的古诗。古文从中年级开始学，不按年段，而是按体裁编，从寓言起，至尺牍终。寓言里多是一些耳熟能详的成语故事，学生在知道故事大意后学原文，会方便些。其后选编的笑话、笔记、博物、尺牍等亦是由浅入深。

对于教师而言，这些古诗文大都常见易懂，所以不加注释。有兴趣的同行可以按照自己的方式选择、组合、拓展。（或参照我的分类方式，自己选编。）如果在阅读中有困难，查查资料，正音析词，解决起来也很方便。这只是我个人的一本选集，有自己的一点想法在里面，各花入各眼，仅供参考而已。

古诗文学习应该贯穿在整个中小学阶段。我将学习内容简列如下，也是一家之言。

第一，小学阶段背诵唐诗、宋诗、清诗五百首至六百首。

第二，小学阶段从古代神话、寓言、笔记、尺牍、明清小品切入，学习文言文，并选背三十篇至五十篇。

第三，到初中再读《古文观止》《聊斋志异》，继而读唐诗宋词，有兴趣的可以把《孟子》《庄子》《论语》《左传》《史记》夹杂在一起读。

第四，到了高中阶段，可以选读张中行等先生编写的《文言文选读》和《古代散文选》。

落实古诗文教学，首先，要有固定的教学时间，诵读讲解，背诵积累，循序渐进，切不可"三天打鱼，两天晒网"。其次，教室中最好有适当的环境布置，以增加学习的情境感。再次，每过一段时间最好组织各种形式的学习情况反馈活动，比如办专题小报，举行专题小竞赛，颁发荣誉称号等等，使学生有机会展示学习成果。需注意的是，不要将反馈活动异化成学业考试。引导小学生读古诗文，重在激发兴趣，鼓励辅助，积累语言，仅此而已。如此，方有所成。

一、古诗编

低年级

咏　鹅

（唐）骆宾王

鹅，鹅，鹅，曲项向天歌。白毛浮绿水，红掌拨清波。

风

（唐）李　峤

解落三秋叶，能开二月花。过江千尺浪，入竹万竿斜。

咏 柳

（唐）贺知章

碧玉妆成一树高，万条垂下绿丝绦。
不知细叶谁裁出，二月春风似剪刀。

回乡偶书（其一）

（唐）贺知章

少小离家老大回，乡音无改鬓毛衰。
儿童相见不相识，笑问客从何处来。

登鹳雀楼

（唐）王之涣

白日依山尽，黄河入海流。欲穷千里目，更上一层楼。

凉州词（其一）

（唐）王之涣

黄河远上白云间，一片孤城万仞山。
羌笛何须怨杨柳，春风不度玉门关。

春 晓

（唐）孟浩然

春眠不觉晓，处处闻啼鸟。夜来风雨声，花落知多少。

出塞二首（其一）

（唐）王昌龄

秦时明月汉时关，万里长征人未还。
但使龙城飞将在，不教胡马度阴山。

相　思

（唐）王　维

红豆生南国，春来发几枝。愿君多采撷，此物最相思。

栾家濑

（唐）王　维

飒飒秋风中，浅浅石溜泻。跳波自相溅，白鹭惊复下。

鸟鸣涧

（唐）王　维

人闲桂花落，夜静春山空。月出惊山鸟，时鸣春涧中。

竹里馆

（唐）王　维

独坐幽篁里，弹琴复长啸。深林人不知，明月来相照。

九月九日忆山东兄弟

（唐）王　维

独在异乡为异客，每逢佳节倍思亲。
遥知兄弟登高处，遍插茱萸少一人。

送元二使安西

（唐）王　维

渭城朝雨浥轻尘，客舍青青柳色新。
劝君更尽一杯酒，西出阳关无故人。

玉阶怨

（唐）李　白

玉阶生白露，夜久侵罗袜。却下水晶帘，玲珑望秋月。

望庐山瀑布

（唐）李　白

日照香炉生紫烟，遥看瀑布挂前川。
飞流直下三千尺，疑是银河落九天。

独坐敬亭山

（唐）李　白

众鸟高飞尽，孤云独去闲。相看两不厌，只有敬亭山。

静夜思

（唐）李　白

床前明月光，疑是地上霜。举头望明月，低头思故乡。

夜宿山寺

（唐）李　白

危楼高百尺，手可摘星辰。不敢高声语，恐惊天上人。

赠汪伦

（唐）李　白

李白乘舟将欲行，忽闻岸上踏歌声。
桃花潭水深千尺，不及汪伦送我情。

早发白帝城

（唐）李　白

朝辞白帝彩云间，千里江陵一日还。
两岸猿声啼不住，轻舟已过万重山。

塞下曲

（唐）卢　纶

林暗草惊风，将军夜引弓。平明寻白羽，没在石棱中。

八阵图

（唐）杜　甫

功盖三分国，名成八阵图。江流石不转，遗恨失吞吴。

绝句二首（其一）

（唐）杜　甫

迟日江山丽，春风花草香。泥融飞燕子，沙暖睡鸳鸯。

小儿垂钓

（唐）胡令能

蓬头稚子学垂纶，侧坐莓苔草映身。
路人借问摇招手，怕得鱼惊不应人。

竹枝词二首（其一）

（唐）刘禹锡

杨柳青青江水平，闻郎江上唱歌声。
东边日出西边雨，道是无晴还有晴。

石头城

（唐）刘禹锡

山围故国周遭在，潮打空城寂寞回。
淮水东边旧时月，夜深还过女墙来。

遗爱寺

（唐）白居易

弄石临溪坐，寻花绕寺行。时时闻鸟语，处处是泉声。

夜 雪

（唐）白居易

已讶衾枕冷，复见窗户明。夜深知雪重，时闻折竹声。

问刘十九

（唐）白居易

绿蚁新醅酒，红泥小火炉。晚来天欲雪，能饮一杯无？

悯农二首（其二）

（唐）李 绅

锄禾日当午，汗滴禾下土。谁知盘中餐，粒粒皆辛苦。

江 雪

（唐）柳宗元

千山鸟飞绝，万径人踪灭。孤舟蓑笠翁，独钓寒江雪。

寻隐者不遇

（唐）贾　岛

松下问童子，言师采药去。只在此山中，云深不知处。

宫词二首（其一）

（唐）张　祜

故国三千里，深宫二十年。一声何满子，双泪落君前。

马诗二十三首（其五）

（唐）李　贺

大漠沙如雪，燕山月似钩。何当金络脑，快走踏清秋。

山　行

（唐）杜　牧

远上寒山石径斜，白云深处有人家。
停车坐爱枫林晚，霜叶红于二月花。

清　明

（唐）杜　牧

清明时节雨纷纷，路上行人欲断魂。
借问酒家何处有，牧童遥指杏花村。

赠少年

（唐）温庭筠

江海相逢客恨多，秋风叶下洞庭波。
酒酣夜别淮阴市，月照高楼一曲歌。

江上渔者

（宋）范仲淹

江上往来人，但爱鲈鱼美。君看一叶舟，出没风波里。

画眉鸟

（宋）欧阳修

百啭千声随意移，山花红紫树高低。
始知锁向金笼听，不及林间自在啼。

梅　花

（宋）王安石

墙角数枝梅，凌寒独自开。遥知不是雪，为有暗香来。

元　日

（宋）王安石

爆竹声中一岁除，春风送暖入屠苏。
千门万户曈曈日，总把新桃换旧符。

钟山即事

（宋）王安石

涧水无声绕竹流，竹西花草弄春柔。
茅檐相对坐终日，一鸟不鸣山更幽。

春游湖

（宋）徐　俯

双飞燕子几时回？夹岸桃花蘸水开。
春雨断桥人不度，小舟撑出柳荫来。

三衢道中

（宋）曾　几

梅子黄时日日晴，小溪泛尽却山行。
绿荫不减来时路，添得黄鹂四五声。

题西林壁

（宋）苏　轼

横看成岭侧成峰，远近高低各不同。
不识庐山真面目，只缘身在此山中。

惠崇春江晓景

（宋）苏　轼

竹外桃花三两枝，春江水暖鸭先知。

蒌蒿满地芦芽短，正是河豚欲上时。

赠刘景文

（宋）苏 轼

荷尽已无擎雨盖，菊残犹有傲霜枝。
一年好景君须记，最是橙黄橘绿时。

夏日绝句

（宋）李清照

生当作人杰，死亦为鬼雄。至今思项羽，不肯过江东。

宿新市徐公店

（宋）杨万里

篱落疏疏一径深，树头花落未成阴。
儿童急走追黄蝶，飞入菜花无处寻。

小 池

（宋）杨万里

泉眼无声惜细流，树阴照水爱晴柔。
小荷才露尖尖角，早有蜻蜓立上头。

晓出净慈寺送林子方

（宋）杨万里

毕竟西湖六月中，风光不与四时同。
接天莲叶无穷碧，映日荷花别样红。

约　客

（宋）赵师秀

黄梅时节家家雨，青草池塘处处蛙。
有约不来过夜半，闲敲棋子落灯花。

雪梅二首

（宋）卢梅坡

梅雪争春未肯降，骚人搁笔费评章。
梅须逊雪三分白，雪却输梅一段香。
有梅无雪不精神，有雪无诗俗了人。
日暮诗成天又雪，与梅并作十分春。

萧皋别业竹枝词

（明）沈明臣

青黄梅气暖凉天，红白花开正种田。
燕子巢边泥带水，鹁鸠声里雨如烟。

渔　家

（清）郑　燮

卖得鲜鱼百二钱，籴粮炊饭放归船。

拔来湿苇烧难着，晒在垂杨古岸边。

中年级

望月怀远

（唐）张九龄

海上生明月，天涯共此时。情人怨遥夜，竟夕起相思。

灭烛怜光满，披衣觉露滋。不堪盈手赠，还寝梦佳期。

题破山寺后禅院

（唐）常　建

清晨入古寺，初日照高林。竹径通幽处，禅房花木深。

山光悦鸟性，潭影空人心。万籁此俱寂，但馀钟磬音。

凉州词

（唐）王　翰

葡萄美酒夜光杯，欲饮琵琶马上催。

醉卧沙场君莫笑，古来征战几人回？

芙蓉楼送辛渐

（唐）王昌龄

寒雨连江夜入吴，平明送客楚山孤。
洛阳亲友如相问，一片冰心在玉壶。

别董大二首（其一）

（唐）高　适

千里黄云白日曛，北风吹雁雪纷纷。
莫愁前路无知己，天下谁人不识君。

黄鹤楼送孟浩然之广陵

（唐）李　白

故人西辞黄鹤楼，烟花三月下扬州。
孤帆远影碧空尽，唯见长江天际流。

望天门山

（唐）李　白

天门中断楚江开，碧水东流至此回。
两岸青山相对出，孤帆一片日边来。

月夜忆舍弟

（唐）杜　甫

戍鼓断人行，边秋一雁声。露从今夜白，月是故乡明。

有弟皆分散，无家问死生。寄书长不达，况乃未休兵。

绝句二首（其二）

（唐）杜　甫

江碧鸟逾白，山青花欲燃。今春看又过，何日是归年。

绝句四首（其三）

（唐）杜　甫

两个黄鹂鸣翠柳，一行白鹭上青天。
窗含西岭千秋雪，门泊东吴万里船。

春夜喜雨

（唐）杜　甫

好雨知时节，当春乃发生。随风潜入夜，润物细无声。
野径云俱黑，江船火独明。晓看红湿处，花重锦官城。

江南逢李龟年

（唐）杜　甫

岐王宅里寻常见，崔九堂前几度闻。
正是江南好风景，落花时节又逢君。

山中留客

（唐）张　旭

山光物态弄春晖，莫为轻阴便拟归。
纵使晴明无雨色，入云深处亦沾衣。

桃花溪

（唐）张　旭

隐隐飞桥隔野烟，石矶西畔问渔船。
桃花尽日随流水，洞在清溪何处边。

逢雪宿芙蓉山主人

（唐）刘长卿

日暮苍山远，天寒白屋贫。柴门闻犬吠，风雪夜归人。

寒　食

（唐）韩　翃

春城无处不飞花，寒食东风御柳斜。
日暮汉宫传蜡烛，轻烟散入五侯家。

江村即事

（唐）司空曙

钓罢归来不系船，江村月落正堪眠。
纵然一夜风吹去，只在芦花浅水边。

滁州西涧

（唐）韦应物

独怜幽草涧边生，上有黄鹂深树鸣。
春潮带雨晚来急，野渡无人舟自横。

春雪

（唐）韩 愈

新年都未有芳华，二月初惊见草芽。
白雪却嫌春色晚，故穿庭树作飞花。

望洞庭

（唐）刘禹锡

湖光秋月两相和，潭面无风镜未磨。
遥望洞庭山水色，白银盘里一青螺。

乌衣巷

（唐）刘禹锡

朱雀桥边野草花，乌衣巷口夕阳斜。
旧时王谢堂前燕，飞入寻常百姓家。

舟中读元九诗

（唐）白居易

把君诗卷灯前读，诗尽灯残天未明。

眼痛灭灯犹暗坐，逆风吹浪打船声。

暮江吟

（唐）白居易

一道残阳铺水中，半江瑟瑟半江红。
可怜九月初三夜，露似真珠月似弓。

池　上

（唐）白居易

小娃撑小艇，偷采白莲回。不解藏踪迹，浮萍一道开。

菊　花

（唐）元　稹

秋丛绕舍似陶家，遍绕篱边日渐斜。
不是花中偏爱菊，此花开尽更无花。

南园十三首（其十三）

（唐）李　贺

小树开朝径，长茸湿夜烟。柳花惊雪浦，麦雨涨溪田。
古刹疏钟度，遥岚破月悬。沙头敲石火，烧竹照渔船。

秋 夕

（唐）杜 牧

银烛秋光冷画屏，轻罗小扇扑流萤。
天阶夜色凉如水，坐看牵牛织女星。

江南春

（唐）杜 牧

千里莺啼绿映红，水村山郭酒旗风。
南朝四百八十寺，多少楼台烟雨中。

咸阳值雨

（唐）温庭筠

咸阳桥上雨如悬，万点空蒙隔钓船。
还似洞庭春水色，晓云将入岳阳天。

乐游原

（唐）李商隐

向晚意不适，驱车登古原。夕阳无限好，只是近黄昏。

夜雨寄北

（唐）李商隐

君问归期未有期，巴山夜雨涨秋池。
何当共剪西窗烛，却话巴山夜雨时。

小　松

（唐）杜荀鹤

自小刺头深草里，而今渐觉出蓬蒿。
时人不识凌云木，直待凌云始道高。

社　日

（唐）王　驾

鹅湖山下稻粱肥，豚栅鸡栖半掩扉。
桑柘影斜春社散，家家扶得醉人归。

丰乐亭游春三首（其一）

（宋）欧阳修

绿树交加山鸟啼，晴风荡漾落花飞。
鸟歌花舞太守醉，明日酒醒春已归。

书湖阴先生壁二首（其一）

（宋）王安石

茅檐长扫静无苔，花木成畦手自栽。
一水护田将绿绕，两山排闼送青来。

泊船瓜洲

（宋）王安石

京口瓜洲一水间，钟山只隔数重山。

春风又绿江南岸，明月何时照我还。

饮湖上初晴后雨二首（其二）

（宋）苏 轼

水光潋滟晴方好，山色空蒙雨亦奇。
欲把西湖比西子，淡妆浓抹总相宜。

书李世南所画秋景二首（其一）

（宋）苏 轼

野水参差落涨痕，疏林欹倒出霜根。
扁舟一棹归何处，家在江南黄叶村。

十一月四日风雨大作（其二）

（宋）陆 游

僵卧孤村不自哀，尚思为国戍轮台。
夜阑卧听风吹雨，铁马冰河入梦来。

示 儿

（宋）陆 游

死去元知万事空，但悲不见九州同。
王师北定中原日，家祭无忘告乃翁。

春 日

（宋）朱 熹

胜日寻芳泗水滨，无边光景一时新。
等闲识得东风面，万紫千红总是春。

江村晚眺

（宋）戴复古

江头落日照平沙，潮退渔船阁岸斜。
白鸟一双临水立，见人惊起入芦花。

湖 上

（宋）徐元杰

花开红树乱莺啼，草长平湖白鹭飞。
风日晴和人意好，夕阳箫鼓几船归。

乡村四月

（宋）翁 卷

绿遍山原白满川，子规声里雨如烟。
乡村四月闲人少，才了蚕桑又插田。

游园不值

（宋）叶绍翁

应怜屐齿印苍苔，小扣柴扉久不开。

春色满园关不住，一枝红杏出墙来。

由商丘入永城途中作

（明）李先芳

三月轻风麦浪生，黄河岸上晚波平。
村原处处垂杨柳，一路青青到永城。

苏堤春晓

（清）阮　元

北高峰上月轮斜，十里湖光共一涯。
破晓春天青白色，东风吹冷碧桃花。

高年级

黍　离

（先秦）《诗经》

彼黍离离，彼稷之苗。行迈靡靡，中心摇摇。知我者谓我心忧，
不知我者谓我何求。悠悠苍天！此何人哉？

彼黍离离，彼稷之穗。行迈靡靡，中心如醉。知我者谓我心忧，
不知我者谓我何求。悠悠苍天！此何人哉？

彼黍离离，彼稷之实。行迈靡靡，中心如噎。知我者谓我心忧，
不知我者谓我何求。悠悠苍天！此何人哉？

蒹 葭

（先秦）《诗经》

蒹葭苍苍，白露为霜。所谓伊人，在水一方。溯洄从之，道阻且长。溯游从之，宛在水中央。

蒹葭萋萋，白露未晞。所谓伊人，在水之湄。溯洄从之，道阻且跻。溯游从之，宛在水中坻。

蒹葭采采，白露未已。所谓伊人，在水之涘。溯洄从之，道阻且右。溯游从之，宛在水中沚。

迢迢牵牛星

（两汉）《古诗十九首》

迢迢牵牛星，皎皎河汉女。纤纤擢素手，札札弄机杼。
终日不成章，泣涕零如雨。河汉清且浅，相去复几许？
盈盈一水间，脉脉不得语。

观沧海

（三国）曹　操

东临碣石，以观沧海。水何澹澹，山岛竦峙。
树木丛生，百草丰茂。秋风萧瑟，洪波涌起。
日月之行，若出其中。星汉灿烂，若出其里。
幸甚至哉，歌以咏志。

饮酒二十首（其五）

（晋）陶渊明

结庐在人境，而无车马喧。问君何能尔？心远地自偏。

采菊东篱下，悠然见南山。山气日夕佳，飞鸟相与还。
此中有真意，欲辨已忘言。

在狱咏蝉

（唐）骆宾王

西陆蝉声唱，南冠客思侵。那堪玄鬓影，来对白头吟。
露重飞难进，风多响易沉。无人信高洁，谁为表予心。

次北固山下

（唐）王　湾

客路青山下，行舟绿水前。潮平两岸阔，风正一帆悬。
海日生残夜，江春入旧年。乡书何处达，归雁洛阳边。

辋川闲居赠裴秀才迪

（唐）王　维

寒山转苍翠，秋水日潺湲。倚杖柴门外，临风听暮蝉。
渡头余落日，墟里上孤烟。复值接舆醉，狂歌五柳前。

山居秋暝

（唐）王　维

空山新雨后，天气晚来秋。明月松间照，清泉石上流。
竹喧归浣女，莲动下渔舟。随意春芳歇，王孙自可留。

鹿　柴

（唐）王　维

空山不见人，但闻人语响。返景入深林，复照青苔上。

黄鹤楼

（唐）崔　颢

昔人已乘黄鹤去，此地空余黄鹤楼。
黄鹤一去不复返，白云千载空悠悠。
晴川历历汉阳树，芳草萋萋鹦鹉洲。
日暮乡关何处是，烟波江上使人愁。

登金陵凤凰台

（唐）李　白

凤凰台上凤凰游，凤去台空江自流。
吴宫花草埋幽径，晋代衣冠成古丘。
三山半落青天外，一水中分白鹭洲。
总为浮云能蔽日，长安不见使人愁。

月下独酌四首（其一）

（唐）李　白

花间一壶酒，独酌无相亲。举杯邀明月，对影成三人。
月既不解饮，影徒随我身。暂伴月将影，行乐须及春。
我歌月徘徊，我舞影零乱。醒时相交欢，醉后各分散。
永结无情游，相期邀云汉。

渡荆门送别

（唐）李 白

渡远荆门外，来从楚国游。山随平野尽，江入大荒流。
月下飞天镜，云生结海楼。仍怜故乡水，万里送行舟。

春夜洛城闻笛

（唐）李 白

谁家玉笛暗飞声，散入春风满洛城。
此夜曲中闻折柳，何人不起故园情。

送友人

（唐）李 白

青山横北郭，白水绕东城。此地一为别，孤蓬万里征。
浮云游子意，落日故人情。挥手自兹去，萧萧班马鸣。

旅夜书怀

（唐）杜 甫

细草微风岸，危樯独夜舟。星垂平野阔，月涌大江流。
名岂文章著，官应老病休。飘飘何所似，天地一沙鸥。

春 望

（唐）杜 甫

国破山河在，城春草木深。感时花溅泪，恨别鸟惊心。

烽火连三月，家书抵万金。白头搔更短，浑欲不胜簪。

登　高

（唐）杜　甫

风急天高猿啸哀，渚清沙白鸟飞回。
无边落木萧萧下，不尽长江滚滚来。
万里悲秋长作客，百年多病独登台。
艰难苦恨繁霜鬓，潦倒新停浊酒杯。

归　雁

（唐）杜　甫

东来万里客，乱定几年回。肠断江城雁，高高向北飞。

秋兴八首（其三）

（唐）杜　甫

千家山郭静朝晖，日日江楼坐翠微。
信宿渔人还泛泛，清秋燕子故飞飞。
匡衡抗疏功名薄，刘向传经心事违。
同学少年多不贱，五陵衣马自轻肥。

闻官军收河南河北

（唐）杜　甫

剑外忽传收蓟北，初闻涕泪满衣裳。
却看妻子愁何在，漫卷诗书喜欲狂。

白日放歌须纵酒，青春作伴好还乡。
即从巴峡穿巫峡，便下襄阳向洛阳。

蜀　相

（唐）杜　甫

丞相祠堂何处寻，锦官城外柏森森。
映阶碧草自春色，隔叶黄鹂空好音。
三顾频烦天下计，两朝开济老臣心。
出师未捷身先死，长使英雄泪满襟。

枫桥夜泊

（唐）张　继

月落乌啼霜满天，江枫渔火对愁眠。
姑苏城外寒山寺，夜半钟声到客船。

听弹琴

（唐）刘长卿

泠泠七弦上，静听松风寒。古调虽自爱，今人多不弹。

题都城南庄

（唐）崔　护

去年今日此门中，人面桃花相映红。
人面不知何处去，桃花依旧笑春风。

台　城

（唐）韦　庄

江雨霏霏江草齐，六朝如梦鸟空啼。

无情最是台城柳，依旧烟笼十里堤。

西塞山怀古

（唐）刘禹锡

王濬楼船下益州，金陵王气黯然收。

千寻铁锁沉江底，一片降幡出石头。

人世几回伤往事，山形依旧枕寒流。

今逢四海为家日，故垒萧萧芦荻秋。

再游玄都观

（唐）刘禹锡

百亩庭中半是苔，桃花净尽菜花开。

种桃道士归何处，前度刘郎今又来。

柳州榕叶落尽偶题

（唐）柳宗元

宦情羁思共凄凄，春半如秋意转迷。

山城过雨百花尽，榕叶满庭莺乱啼。

无　题

（唐）李商隐

相见时难别亦难，东风无力百花残。
春蚕到死丝方尽，蜡炬成灰泪始干。
晓镜但愁云鬓改，夜吟应觉月光寒。
蓬山此去无多路，青鸟殷勤为探看。

钱塘湖春行

（唐）白居易

孤山寺北贾亭西，水面初平云脚低。
几处早莺争暖树，谁家新燕啄春泥。
乱花渐欲迷人眼，浅草才能没马蹄。
最爱湖东行不足，绿杨阴里白沙堤。

草

（唐）白居易

离离原上草，一岁一枯荣。野火烧不尽，春风吹又生。
远芳侵古道，晴翠接荒城。又送王孙去，萋萋满别情。

惜牡丹花二首（其一）

（唐）白居易

惆怅阶前红牡丹，晚来惟有两枝残。
明朝风起应吹尽，夜惜衰红把火看。

过华清宫绝句三首（其一）

（唐）杜　牧

长安回望绣成堆，山顶千门次第开。
一骑红尘妃子笑，无人知是荔枝来。

泊秦淮

（唐）杜　牧

烟笼寒水月笼沙，夜泊秦淮近酒家。
商女不知亡国恨，隔江犹唱后庭花。

商山早行

（唐）温庭筠

晨起动征铎，客行悲故乡。鸡声茅店月，人迹板桥霜。
槲叶落山路，枳花明驿墙。因思杜陵梦，凫雁满回塘。

嫦　娥

（唐）李商隐

云母屏风烛影深，长河渐落晓星沉。
嫦娥应悔偷灵药，碧海青天夜夜心。

己亥岁二首（其一）

（唐）曹　松

泽国江山入战图，生民何计乐樵苏。

凭君莫话封侯事，一将功成万骨枯。

夏　意

（宋）苏舜钦

别院深深夏簟清，石榴开遍透帘明。
树荫满地日当午，梦觉流莺时一声。

乡　思

（宋）李觏

人言落日是天涯，望极天涯不见家。
已恨碧山相阻隔，碧山还被暮云遮。

登飞来峰

（宋）王安石

飞来山上千寻塔，闻说鸡鸣见日升。
不畏浮云遮望眼，自缘身在最高层。

夏日田园杂兴十二绝（其七）

（宋）范成大

昼出耘田夜绩麻，村庄儿女各当家。
童孙未解供耕织，也傍桑阴学种瓜。

题临安邸

（宋）林　升

山外青山楼外楼，西湖歌舞几时休？
暖风熏得游人醉，直把杭州作汴州。

夜书所见

（宋）叶绍翁

萧萧梧叶送寒声，江上秋风动客情。
知有儿童挑促织，夜深篱落一灯明。

寒　夜

（宋）杜　耒

寒夜客来茶当酒，竹炉汤沸火初红。
寻常一样窗前月，才有梅花便不同。

己亥杂诗

（清）龚自珍

九州生气恃风雷，万马齐喑究可哀。
我劝天公重抖擞，不拘一格降人才。

二、古文编

寓　言

揠苗助长

（先秦）《孟子》

宋人有闵其苗之不长而揠之者，芒芒然归，谓其人曰："今日病矣！予助苗长矣！"其子趋而往视之，苗则槁矣。

学　弈

（先秦）《孟子》

弈秋，通国之善弈者也。使弈秋诲二人弈，其一人专心致志，惟弈秋之为听。一人虽听之，一心以为有鸿鹄将至，思援弓缴而射之。虽与之俱学，弗若之矣。

相濡以沫

（先秦）《庄子》

泉涸，鱼相与处于陆，相呴以湿，相濡以沫，不如相忘于江湖。

西施病心

（先秦）《庄子》

西施病心而颦其里，其里之丑人见之而美之，归亦捧心而颦其里。其里之富人见之，坚闭门而不出；贫人见之，挈妻子而去之走。彼知颦美而不知颦之所以美，惜乎！

邯郸学步

（先秦）《庄子》

寿陵余子之学行于邯郸与？未得国能，又失其故行矣，直匍匐而归耳。

屠龙术

（先秦）《庄子》

朱评漫学屠龙于支离益，单千金之家。三年技成而无所用其巧。

狙公养狙

（先秦）《列子》

宋有狙公者，爱狙，养之成群，能解狙之意，狙亦得公之心。损其家口，充狙之欲，俄而匮焉。将限其食，恐众狙之不驯于己也，先诳之曰："与若芧，朝三而暮四，足乎？"众狙皆起而怒。俄而曰："与若芧，朝四而暮三，足乎？"众狙皆伏而喜。

刻舟求剑

（先秦）《吕氏春秋》

楚人有涉江者，其剑自舟中坠于水，遽契其舟，曰："是吾剑之所从坠。"舟止，从其所契者入水求之。舟已行矣，而剑不行，求剑若此，不亦惑乎！

和氏之璧

（先秦）《韩非子》

  楚人和氏得玉璞楚山中，奉而献之厉王。厉王使玉人相之，玉人曰："石也。"王以和为诳，而刖其左足。及厉王薨，武王即位。和又奉其璞而献之武王。武王使玉人相之，又曰："石也。"王又以和为诳，而刖其右足。武王薨，文王即位，和乃抱其璞而哭于楚山之下，三日三夜，泪尽而继之以血。王闻之，使人问其故，曰："天下之刖者多矣，子奚哭之悲也？"和曰："吾非悲刖也，悲夫宝玉而题之以石，贞士而名之以诳，此吾所以悲也。"王乃使玉人理其璞而得宝焉，遂命曰"和氏之璧"。

滥竽充数

（先秦）《韩非子》

  齐宣王使人吹竽，必三百人。南郭处士请为王吹竽，宣王说之，廪食以数百人。宣王死，湣王立，好一一听之，处士逃。

买椟还珠

（先秦）《韩非子》

  楚人有卖其珠于郑者，为木兰之柜，薰以桂椒，缀以珠玉，饰以玫瑰，辑以翡翠，郑人买其椟而还其珠。此可谓善卖椟矣，未可谓善鬻珠也。

郑人买履

（先秦）《韩非子》

  郑人有且置履者，先自度而置之其坐。至之市，而忘操之。已得履，乃曰：“吾忘持度。”反归取之。及反，市罢，遂不得履。人曰："何不试之以足？"曰："宁信度，无自信也。"

曾子杀猪

（先秦）《韩非子》

曾子之妻之市，其子随之而泣。其母曰："女还，顾反为女杀彘。"妻适市来，曾子欲捕彘杀之。妻止之曰："特与婴儿戏耳。"曾子曰："婴儿非与戏也。婴儿非有知也，待父母而学者也，听父母之教。今子欺之，是教子欺也。母欺子，子而不信其母，非所以成教也。"遂烹彘也。

宋人献玉

（先秦）《韩非子》

宋人或得玉，献诸子罕。子罕弗受。献玉者曰："以示玉人，玉人以为宝也，故敢献之。"子罕曰："我以不贪为宝，尔以玉为宝，若以与我，皆丧宝也。不若人有其宝。"

自相矛盾

（先秦）《韩非子》

楚人有鬻盾与矛者，誉之曰："吾盾之坚，物莫能陷也。"又誉其矛曰："吾矛之利，于物无不陷也。"或曰："以子之矛，陷子之盾，何如？"其人弗能应也。夫不可陷之盾与无不陷之矛，不可同世而立。

画蛇添足

（先秦）《战国策》

楚有祠者，赐其舍人卮酒，舍人相谓曰："数人饮之不足，一人饮之有余。请画地为蛇，先成者饮酒。"

一人蛇先成，引酒且饮之，乃左手持卮，右手画蛇，曰："吾能为之足。"未成，一人之蛇成，夺其卮曰："蛇固无足，子安能为之足？"遂饮其酒。

为蛇足者，终亡其酒。

狐假虎威

（先秦）《战国策》

虎求百兽而食之，得狐。狐曰："子无敢食我也！天帝使我长百兽。今子食我，是逆天帝命也！子以我为不信，吾为子先行，子随我后，观百兽之见我而敢不走乎？"虎以为然，故遂与之行。兽见之，皆走。虎不知兽畏己而走也，以为畏狐也。

南辕北辙

（先秦）《战国策》

今者臣来，见人于大行，方北面而持其驾，告臣曰："吾欲之楚。"臣曰："君之楚，将奚为北面？"曰："吾马良。"曰："马虽良，此非楚之路也。"曰："吾用多。"臣曰："用虽多，此非楚之路也。"曰："吾御者善。"此数者愈善，而离楚愈远耳。

鹬蚌相争

（先秦）《战国策》

蚌方出曝，而鹬啄其肉，蚌合而箝其喙。鹬曰："今日不雨，明日不雨，即有死蚌。"蚌亦谓鹬曰："今日不出，明日不出，即有死鹬。"两者不肯相舍，渔者得而并禽之。

螳螂捕蝉

（汉）韩　婴

园中有榆，其上有蝉。蝉方奋翼悲鸣，欲饮清露，不知螳螂在后，曲其颈，欲攫而食之也。螳螂方欲捕蝉，而不知黄雀在后，欲啄而食之也。黄雀方欲食螳螂，不知童子挟弹丸在下，迎而欲弹之。童子方欲弹黄雀，不知前有深坑，后有窟也。此皆见前之利，而不顾后害者也。

塞翁失马

（汉）刘　安

近塞上之人，有善术者。马无故亡而入胡，人皆吊之。其父曰："此何遽不为福乎？"居数月，其马将胡骏马而归，人皆贺之。其父曰："此何遽不能为祸乎？"家富良马，其子好骑，堕而折其髀。人皆吊之，其父曰："此何遽不为福乎？"居一年，胡人大入塞，丁壮者引弦而战，近塞之人，死者十九，此独以跛之故，父子相保。故福之为祸，祸之为福，化不可极，深不可测也。

叶公好龙

（汉）刘　向

叶公子高好龙，钩以写龙，凿以写龙，屋室雕文以写龙。于是天龙闻而下之，窥头于牖，施尾于堂。叶公见之，弃而还走，失其魂魄，五色无主。是叶公非好龙也，好夫似龙而非龙者也。

对牛弹琴

（汉）牟　融

公明仪为牛弹清角之操，伏食如故。非牛不闻，不合其耳也。转为蚊虻之声，孤犊之鸣，即掉尾奋耳，蹀躞而听。

执竿入城

（三国）邯郸淳

鲁有执长竿入城门者，初竖执之，不可入；横执之，亦不可入。计无所出。俄有老父至，曰："吾非圣人，但见事多矣，何不以锯中截而入？"遂依而截之。

狂　泉

（南朝）袁　粲

昔有一国，国中一水，号曰："狂泉"。国人饮此水，无不狂；唯国君穿井而汲，独得无恙。国人既并狂，反谓国主之不狂为狂。于是聚谋，共执国主，疗其狂疾，火艾针药，莫不毕具。国主不任其苦，于是到泉所，酌水饮之，饮毕便狂。君臣大小，其狂若一，众乃欢然。

笑　话

和　尚

一和尚犯罪，一人解之，夜宿旅店。和尚沽酒劝其人烂醉，乃
削其发而逃。其人酒醒，绕屋寻和尚不得，摩其头则无发矣，乃大
叫曰："和尚倒在，我却何处去了？"

岂有此理

一人习学言语，听人说"岂有此理"，心甚爱之，时时温习。偶
因过河忙乱，忽然忘记，绕船寻觅，船家问他失落何物，曰："是句
话。"船家说道："话也失落的，岂有此理！"其人说："你拾著，何不
早说。"

草　书

张丞相好草书，一日书满纸，令其侄录之。侄不识，问之丞相，
亦自不识，曰："何不早问，致吾忘之。"

甘蔗渣

一人拾甘蔗渣而嗖之，恨其无味，乃骂曰："哪个馋牢，吃的这
等尽情。"

隐身草

有遇人与以一草，名"隐身草"，手持此，旁人即看不见。此人

即于市上取人之钱，持之径去，钱主以拳打之，此人曰："任你打，只是看不见我。"

属 犬

一酒客讶同席者饮啖太猛，问其年，以属犬对。客曰："幸是犬，若属虎的，连我也都吃下肚了。"

豆 腐

一人留客饭，止豆腐一味，自言："豆腐是我性命，觉他味不及也。"异日至客家，客记其食性所好，乃于鱼肉中各和豆腐，其人择鱼肉大啖。客问曰："兄尝云，豆腐是性命，今日如何不吃？"答曰："见了鱼肉，性命都不要了。"

好 静

一人极好静，而所居介于铜铁匠之间，朝夕聒耳，苦之。常曰："此两家若有迁居之日，我愿作东款谢。"一日，二匠忽并至曰："我等且迁矣，足下素许作东，特来叩领。"问其期日，曰："只在明日。"其人大喜，遂盛款之。酒后问曰："汝二家迁于何处？"二匠曰："我迁在他屋里，他迁在我屋里。"

厨 子

有厨子在家切肉，匿一块于怀中。妻见之，骂曰："这是自家的肉，何为如此？"答曰："我忘了。"

恍 惚

三人同卧，一人觉腿痒甚，睡梦恍惚，竟将第二人腿上竭力抓爬，痒终不减，抓之愈甚，遂至出血。第二人手摸湿处，认为第三人遗溺也，促之起。第三人起溺，而隔壁乃酒家，榨酒声滴沥不止，以为己溺未完，竟站至天明。

善 忘

一人携刀往竹园取竹，偶内急，乃置刀于地，就园中出恭。忽抬头曰："家中正要竹用，此处好竹，惜未带刀耳。"已解毕，见刀喜曰："天遂人愿，适有刀在此。"方择竹下刀，见所遗溺，愠曰："何人沿地出痾，几污我足。"

万 姓

一富翁世不识字，人劝其延师训子。师至，始训之执笔临朱。书一画则训曰："'一'字。"二画则训曰："'二'字。"三画则训曰："'三'字。"其子欣然投笔，告父曰："儿已都晓字义，何烦师为？"乃谢去之。逾时，父拟招所亲万姓者饮。令子晨起治状，久之不成。父问之，其子恚曰："姓亦多矣，奈何偏姓万，自朝至今才完得五百余画。"

腌 蛋

甲乙两人偶吃腌蛋，甲讶曰："我每常吃蛋甚淡，此蛋因何独咸？"乙曰："我是极明白的人，亏你问着我，这咸蛋就是腌鸭子生出来的。"

讥人弄乖

凤凰寿，百鸟朝贺，惟蝙蝠不至。凤责之曰："汝居吾下，何倨傲乎？"蝠曰："吾有足，属于兽，贺汝何用？"一日，麒麟生诞，蝠亦不至，麟亦责之。蝠曰："吾有翼，属于禽，何以贺与？"麟、凤相会，语及蝙蝠之事，互相慨叹曰："如今世上恶薄，偏生此等不禽不兽之徒，真个无奈他何！"

名读书

车胤囊萤读书，孙康映雪读书。一日，康往拜胤，不遇。问何往，门者曰："出外捉萤火虫去了。"已而，胤答拜康，见康闲立庭中。问："何不读书？"康曰："我看今日这天不像个下雪的。"

笔 记

夜郎自大

（汉）司马迁

滇王与汉使者言曰："汉孰与我大？"及夜郎侯亦然。以道不通故，各自以为一州主，不知汉广大。

指鹿为马

（汉）司马迁

赵高欲为乱，恐群臣不听，乃先设验，持鹿献于二世，曰："马也。"二世笑曰："丞相误邪？谓鹿为马。"问左右，左右或默，或言马以阿顺赵高。或言鹿，高因阴中诸言鹿以法。后群臣皆畏高。

炳烛而学

（汉）刘　向

晋平公问于师旷曰："吾年七十，欲学，恐已暮矣。"师旷曰："何不炳烛乎？"平公曰："安有为人臣而戏其君乎？"师旷曰："盲臣安敢戏君乎？臣闻之，少而好学，如日出之阳；壮而好学，如日中之光；老而好学，如炳烛之明。炳烛之明，孰与昧行乎？"平公曰："善哉！"

苏武牧羊

（汉）班　固

苏武为汉使匈奴，为单于留，使卫律治之。百般胁诱，武终不屈。卫律白单于，单于益欲降之，乃幽武大窖中，无饮食。天雨雪，武啮雪，与毡毛并咽之，数日不死，匈奴以为神。乃徙武北海上无人处，使牧羝。曰，羝乳乃得归。武既至北海上，掘野鼠之藏而食之，杖汉节牧羊，卧起操持。十九年乃归。

江上丈人

（晋）皇甫谧

江上丈人者，楚人也。楚平王以费无忌之谗杀伍奢，奢子员亡，将奔吴。至江上，欲渡，无舟，而楚人购员甚急，自恐不脱。见丈人，得渡。因解所佩剑以与丈人，曰："此千金之剑也，愿献之。"丈人不受，曰："楚国之法，得伍员者爵执珪，金千镒，吾尚不取，何用剑为？"不受而别，莫知其谁。员至吴，为相，求丈人，不能得，每食辄祭之，曰："名可得闻而不可得见，其唯江上丈人乎？"

石崇之厕

（晋）裴 启

刘实诣石崇，如厕，见有绛纱帐大床，茵蓐甚丽，两婢持锦香囊。实遽反走，即谓崇曰："向误入卿室内。"崇曰："是厕耳。"实更往，向乃守厕婢，所进锦囊，实筹。良久不得，便行出。谓崇曰："贫士不得如此厕。"乃如他厕。

祭 鳢

（南朝）刘敬叔

会稽石亭埭有大枫树，其中空朽，每雨，水辄满溢。有估客载生鳢至此，聊放一头于枯树中，以为狡狯。村民见之，以鱼鳢非树中之物，或谓是神，乃依树起屋，宰牲祭祀，未尝虚日，因遂名鳢父庙。人有祈请及秽慢，则祸福立至。后估客返，见其如此，即取作臛，于是遂绝。

杨 修

（南朝）刘义庆

杨德祖为魏武主簿。时作相国门，始构榱桷，魏武自出看，使人题门作"活"字，便去。杨见，即令坏之，既竟，曰："门中'活'，阔字，王正嫌门大也。"

人饷魏武一杯酪。魏武啖少许，盖头上题"合"字以示众，众莫能解。次至杨修，修便啖，曰："公教人啖一口也，复何疑！"

桓公入蜀

（南朝）刘义庆

桓公入蜀，至三峡中，部伍中有得猿子者。其母缘岸哀号，行百余里不去，遂跳上船，至便即绝。破视其腹中，肠皆寸寸断。公闻之，怒命黜其人。

周处除三害

（南朝）刘义庆

周处年少时，凶强侠气，为乡里所患。又义兴水中有蛟，山中有白额虎，并皆暴犯百姓。义兴人谓为"三横"，而处尤剧。或说处杀虎斩蛟，实冀三横唯余其一。处即刺杀虎，又入水击蛟。蛟或浮或没，行数十里，处与之俱。经三日三夜。乡里皆谓已死，更相庆。竟杀蛟而出，闻里人相庆，始知为人情所患，有自改意。

望梅止渴

（南朝）刘义庆

魏武行役，失汲道，军皆渴。乃令曰："前有大梅林，饶子，甘酸，可以解渴。"士卒闻之，口皆出水，乘此得及前源。

王蓝田性急

（南朝）刘义庆

王蓝田性急。尝食鸡子，以筯刺之，不得，便大怒，举以掷地。鸡子于地圆转未止，仍下地以屐齿碾之，又不得，瞋甚，复于地取内口中，啮破即吐之。王右军闻而大笑曰："使安期有此性，犹当无一豪可论，况蓝田耶？"

乘　船

（南朝）刘义庆

华歆、王朗俱乘船避难，有一人欲依附，歆辄难之，朗曰："幸尚宽，有何不可？"后贼追至，王欲舍所携人。歆曰："本所以疑，正为此耳。既以纳其自托，宁可以急相弃邪？"遂携拯如初。世以此定华、王之优劣。

李牟夜吹笛

（唐）李　肇

李牟秋夜吹笛于瓜洲，舟楫甚隘。初发调，群动皆息。及数奏，微风飒然而至。又俄顷，舟人贾客皆有怨叹悲泣之声。

一轴鼠画

（宋）曾敏行

东安一士人喜画，作鼠一轴，献之邑令。令初不知爱，漫悬于壁。旦而过之。轴必坠地，屡悬屡坠。令怪之，黎明物色，轴在地，而猫蹲其旁，逮举轴，则跹跄逐之。以试群猫，莫不然者，于是始知其画为逼真。

陈述古祠钟

（宋）沈　括

陈述古密直知建州浦城县日，有人失物，捕得莫知的为盗者。

述古乃绐之曰："某庙有一钟，能辨盗至灵。"使人迎置阁后祠之，引群囚立钟前，自陈："不为盗者摸之则无声，为盗者摸之则有声。"述古自率同职祷钟甚肃，祭讫，以帷围之。乃阴使人以墨涂钟。

良久，引囚逐一令引手入帷摸之，出乃验其手，皆有墨，唯有一囚无墨，讯之，遂承为盗。盖恐钟有声不敢摸也。此亦古之法，出于小说。

不欺人

（宋）王 说

陆少保，字元方，曾于东都卖一小宅。家人将受直矣，买者求见。元方因告其人，曰："此宅子甚好，但无出水处。"买者闻之，遽辞不买。子侄以为言，元方曰："汝太奇，岂可为钱诳个人！"

放火三日

（宋）陆 游

田登作郡，自讳其名，触者必怒，吏卒多被榜笞。于是举州皆谓"灯"为"火"。上元放灯，许人入州治游观。吏人遂书榜揭于市曰："本州依例放火三日。"

赵广拒画

（宋）陆 游

赵广，合肥人，本李伯时家小史。伯时作画，每使侍左右。久之遂善画，尤工画马，几能乱真。建炎中陷贼。贼闻其善画，使图所掳妇人。广毅然辞以实不能画，胁以白刃，不从，遂断右手拇指遣，而广平生实用左手。乱定，惟画观音大士而已。又数年乃死。

今士大夫所藏伯时观音，多广笔也。

浙江之潮

（宋）周　密

浙江之潮，天下之伟观也。自既望以至十八日为最盛。方其远出海门，仅如银线，既而渐近，则玉城雪岭际天而来，大声如雷霆，震撼激射，吞天沃日，势极雄豪。杨诚斋诗云"海涌银为郭，江横玉系腰"者是也。

僧寺夜读

（明）宋　濂

王冕者，诸暨人。七八岁时，父命牧牛陇上，窃入学舍听诸生诵书。听已，辄默记，暮归，亡其牛。或牵牛来责蹊田，父怒，挞之，已而，复如初。母曰："儿痴如此，曷不听其所为？"冕因去，依僧寺以居。夜潜出，坐佛膝上，执策映长明灯读之，琅琅达旦。佛像多土偶，狞恶可怖，冕小儿，恬若不见。安阳韩性闻而异之，录为弟子，学遂为通儒。

刚峰宦囊

（明）周　晖

都御史刚峰海公卒于官舍，同乡宦南京者，惟户部苏民怀一人。苏点其宦囊，竹笼中俸金八两、葛布一端、旧衣数件而已。如此都御史，那可多得！王司寇凤洲评之云："不怕死，不爱钱，不立党。"此九字断尽海公生平。即千万言谀之，能加于此评乎？

半日闲

（明）冯梦龙

有贵人游僧舍，酒酣，诵唐人诗云："因过竹院逢僧话，又得浮生半日闲。"僧闻而笑之。贵人问僧人何笑，僧曰："尊官得半日闲，老僧却忙了三日。"

怀 丙

（明）李 贽

宋河中府浮梁，用铁牛八维之，一牛且数万斤。治平中，水暴涨绝梁，牵牛没于河。募能出之者。真定僧怀丙以二大舟实土，夹牛维之，用大木为权衡状钩牛，徐去其土，舟浮牛出。转运使张焘以闻，赐之紫衣。

螳螂捕蛇

（清）蒲松龄

张姓者，偶行溪谷，闻崖上有声甚厉。寻途登觇，见巨蛇围如碗，摆扑丛树中，以尾击柳，柳枝崩折。反侧倾跌之状，似有物捉制之。然审视殊无所见，大疑。渐近临之，则一螳螂据顶上，用刺刀攫其首，擿不可去。久之，蛇竟死。视颈上革肉，已破裂云。

大 鼠

（清）蒲松龄

万历间，宫中有鼠，大与猫等，为害甚剧。遍求民间佳猫捕制之，辄被啖食。适异国来贡狮猫，毛白如雪。抱投鼠屋，阖其扉，潜窥之。猫蹲良久，鼠逡巡自穴中出，见猫，怒奔之。猫避登几上，鼠亦登，猫则跃下。如此往复，不啻百次。众咸谓猫怯，以为是无能为者。既而鼠跳掷渐迟，硕腹似喘，蹲地上少休。猫即疾下，爪掬顶毛，口龁首领，辗转争持，猫声呜呜，鼠声啾啾。启扉急视，则鼠首已嚼碎矣。然后知猫之避，非怯也，待其惰也。彼出则归，彼归则复，用此智耳。噫！匹夫按剑，何异鼠乎！

卖蒜老叟

（清）袁　枚

南阳县有杨二相公者，精于拳勇，能以两肩负粮船而起。旗丁数百，以篙刺之，篙所触处，寸寸折裂。以此名重一时。率其徒行教常州，每至演武场传授枪棒，观者如堵。

忽一日，有卖蒜叟，龙钟伛偻，咳嗽不绝声，旁睨而揶揄之。众大骇，走告杨。杨大怒，招叟至前，以拳打砖墙，陷入尺许，傲之曰："叟能如是乎？"叟曰："君能打墙，不能打人。"杨愈怒，骂曰："老奴能受我打乎？打死勿怨！"叟笑曰："老人垂死之年，能以一死成君之名，死亦何怨？"

乃广约众人，写立誓券。令杨养息三日。老人自缚于树，解衣露腹。杨故取势于十步外，奋拳击之。老人寂然无声。但见杨双膝跪地，叩头曰："晚生知罪了。"拔其拳，已夹入老人腹中，坚不可出，哀求良久，老人鼓腹纵之，已跌出一石桥外矣。老人徐徐负蒜而归，卒不肯告人姓氏。

撞　车

（清）黄钧宰

有贵公子驾车出游者，策马驰驱，自矜便捷，适与五套大车相撞击。公子颠踣于车前，因挟父兄势控诸县官。官廉得其情，谓之曰："大车果撞小车，公子当仆于后，今公子仆于前，是小车撞大车也。"罚令出赀为贾人修车费。公子无以辩，惭忿而归。

博　物

荔枝图序
（唐）白居易

荔枝生巴峡间，树形团团如帷盖。叶如桂，冬青。华如橘，春荣。实如丹，夏熟。朵如葡萄，核如枇杷，壳如红缯，膜如紫绡。瓤肉莹白如冰雪，浆液甘酸如醴酪。大略如彼，其实过之。若离本枝，一日而色变，二日而香变，三日而味变，四五日外，色香味尽去矣。元和十五年夏，南宾守乐天，命工吏图而书之，盖为不识者与识而不及一二三日者云。

爱莲说
（宋）周敦颐

水陆草木之花，可爱者甚蕃。晋陶渊明独爱菊。自李唐来，世人甚爱牡丹。予独爱莲之出淤泥而不染，濯清涟而不妖，中通外直，不蔓不枝，香远益清，亭亭净植，可远观而不可亵玩焉。

予谓菊，花之隐逸者也。牡丹，花之富贵者也。莲，花之君子者也。噫！菊之爱，陶后鲜有闻。莲之爱，同予者何人？牡丹之爱，宜乎众矣！

善求古人笔意

（宋）沈　括

欧阳公尝得一古画牡丹丛，其下有一猫，未知其精粗。丞相正肃吴公与欧公姻家，一见，曰："此正午牡丹也。何以明之？其花披哆而色燥，此日中时花也；猫眼黑睛如线，此正午猫眼也。有带露花，则房敛而色泽。猫眼早暮则睛圆，日高渐狭长，正午则如一线耳。"此亦善求古人笔意也。

陨　石

（宋）沈　括

治平元年，常州日禺时，天有大声如雷，乃一大星，几如月，见于东南。少时而又震一声，移著西南。又一震而坠在宜兴县民许氏园中。远近皆见，火光赫然照天，许氏藩篱皆为所焚。是时火息，视地中有一窍如杯大，极深。下视之，星在其中，荧荧然。良久渐暗，尚热不可近。又久之，发其窍，深三尺余，乃得一圆石，犹热。其大如拳，一头微锐，色如铁，重亦如之。州守郑伸得之，送润州金山寺，至今匣藏，游人到则发视。王无咎为之传甚详。

赤小豆

（明）李时珍

此豆以紧小而赤黯色者入药。其稍大而鲜红、淡红色者，并不治病。俱于夏至后下种，苗棵高尺许，枝叶似豇豆，叶微圆峭而小。至秋开花，似豇豆花而小淡，银褐色，有腐气。结荚长二三寸，比绿豆荚稍大，皮色微白带红。三青二黄时即收之，可煮可炒，可做粥、饭、馄饨馅并良也。

迎春花

（明）李时珍

处处人家栽插之，丛生，高者二三尺，方茎厚叶。叶如初生小椒叶而无齿，面青背淡。对节生小枝，一枝三叶。正月初开小花，状如瑞香，花黄色，不结实。

芍　药

（明）李时珍

昔人言洛阳牡丹、扬州芍药甲天下。今药中所用，亦多取扬州者。十月生芽，至春乃长，三月开花。其品凡三十余种，有千叶、单叶、楼子之异。入药宜单叶之根，气味全厚。根之赤白，随花之色也。

乌桕树

（明）陆容

种桕必须接，否则不结子，结亦不多。冬月取桕子，春于水碓，候桕肉皆脱，然后筛出核，煎而为蜡。其核磨碎，入甑蒸软，压取青油，可燃灯。或和蜡浇烛，或杂桐油制伞。但不可食，食则令人吐泻。其查名油饼，壅田甚肥。

龙　虾

（明）屈大均

龙虾，巨者重七八斤，头大径尺，状如龙，采色鲜耀，有两大须如指，长三四尺。其肉味甜，稍粗于常虾，以壳作灯，光赤如血珀，曰"龙虾灯"。东莞、新安、潮阳多有之。昌黎诗："又尝疑龙虾，果谁雄牙须。"

步　惊

（明）屈大均

步惊，木本，以嫩叶和米数粒微炒，煎汤饮之，可愈呕泻寒疾。花有幽香，步行遇之，往往惊为蕙兰，故日"步惊"。永安人每以嫩叶干之，持入京师作人事。

说　理

学而思

（先秦）《论语》

学而不思则罔，思而不学则殆。

见贤思齐

（先秦）《论语》

子曰："见贤思齐焉，见不贤而内自省也。"

温　故

（先秦）《论语》

子曰："温故而知新，可以为师矣。"

三人行

（先秦）《论语》

子曰："三人行，必有我师焉，择其善者而从之，其不善者而改之。"

杯水车薪

（先秦）孟　子

孟子曰："仁之胜不仁也，犹水之胜火。今之为仁者，犹以一杯水救一车薪之火也。不熄，则谓之水不胜火，此又与于不仁之甚者也，亦终必亡而已矣。"

人之患

（先秦）孟　子

孟子曰："人之患，在好为人师。"

民为贵

（先秦）孟　子

孟子曰："民为贵，社稷次之，君为轻。是故得乎丘民而为天子，得乎天子为诸侯，得乎诸侯为大夫。"

劝学（节选）

（先秦）荀　子

积土成山，风雨兴焉；积水成渊，蛟龙生焉；积善成德，而神明自得，圣心备焉。故不积跬步，无以至千里；不积小流，无以成江海。骐骥一跃，不能十步；驽马十驾，功在不舍。锲而舍之，朽木不折；锲而不舍，金石可镂。

慎　交

（北朝）颜之推

人在年少，精神未定，所与款狎，熏渍陶染，言谈举动，无心于学，潜移暗化，自然似之；何况操履艺能，较明易习者也？是以与善人居，如入芝兰之室，久而自芳也；与恶人居，如入鲍鱼之肆，久而自臭也。墨子悲于染丝，是之谓矣。君子必慎交游焉！

陋室铭

（唐）刘禹锡

山不在高，有仙则名。水不在深，有龙则灵。斯是陋室，惟吾德馨。苔痕上阶绿，草色入帘青。谈笑有鸿儒，往来无白丁。可以调素琴，阅金经。无丝竹之乱耳，无案牍之劳形。南阳诸葛庐，西蜀子云亭。孔子云："何陋之有？"

诲学说

（宋）欧阳修

"玉不琢，不成器；人不学，不知道。"然玉之为物，有不变之常德，虽不琢以为器，而犹不害为玉也。人之性，因物则迁，不学，则舍君子而为小人，可不念哉！

卖油翁

（宋）欧阳修

陈康肃公尧咨善射，当世无双，公亦以此自矜。尝射于家圃，有卖油翁释担而立，睨之，久而不去。见其发矢十中八九，但微颔之。

康肃问曰："汝亦知射乎？吾射不亦精乎？"翁曰："无他，但手熟尔。"康肃忿然曰："尔安敢轻吾射！"翁曰："以我酌油知之。"乃取一葫芦置于地，以钱覆其口，徐以杓酌油沥之，自钱孔入，而钱不湿。因曰："我亦无他，惟手熟尔。"康肃笑而遣之。此与庄生所谓"解牛""斫轮"者何异！

熟读精思

（宋）朱　熹

凡读书，须整顿几案，令洁净端正，将书册齐整顿放，正身体，对书册，详缓看字，仔细分明读之。须要读得字字响亮，不可误一字，不可少一字，不可多一字，不可倒一字，不可牵强暗记。只是要多诵遍数，自然上口，久远不忘。古人云：读书千遍，其义自见。谓读得熟，则不待解说，自晓其义也。余尝谓，读书有三到，谓心到，眼到，口到。心不在此，则眼不看仔细，心眼既不专一，却只漫浪诵读，决不能记，记亦不能久也。三到之中，心到最急。心既到矣，眼口岂不到乎？

造酒忘米

（明）江盈科

一人问造酒之法于酒家。酒家曰："一斗米，一两曲，加二斗水，相参和，酿七日，便成酒。"其人善忘，归而用水二斗，曲一两，相参和，七日而尝之，犹水也，乃往诮酒家，谓不传与真法。酒家曰："尔第不循我法耳。"其人曰："我循尔法，用二斗水，一两曲。"酒家曰："可有米么？"其人俛首思曰："是我忘记下米！"

噫！并酒之本而忘之，欲求酒，及于不得酒，而反怨教之者之非也。世之学者，忘本逐末，而学不成，何以异于是？

天下最乐事

（明）张　岱

陶石梁曰："世间极闲适事，如临泛游览，饮酒弈棋，皆须觅伴寻对。惟读书一事，止须一人，可以尽日，可以穷年，环堵之中而观览四海，千载之下而觌面古人，天下之乐，无过于此，而世人不知，殊可惜也。"

朱子家训（节选）

（清）朱柏庐

施惠无念，受恩莫忘。凡事当留余地，得意不宜再往。人有喜庆，不可生妒忌心；人有祸患，不可生喜幸心。善欲人见，不是真善，恶恐人知，便是大恶。

山　水

记承天寺夜游

（宋）苏　轼

元丰六年十月十二日夜，解衣欲睡，月色入户，欣然起行。念无与为乐者，遂至承天寺寻张怀民。怀民亦未寝，相与步于中庭。

庭下如积水空明，水中藻荇交横，盖竹柏影也。何夜无月，何处无竹柏，但少闲人如吾两人耳。

林虑记游（节选）

（元）许有壬

辛未，登西楼，和元裕之诗。遣捕鱼，得鲤鲫，活跃几席前。午，泛舟观泉于宫之西。泉皆洹之洑流，而突出石崖下，腾涌如历下所谓趵突者，清澈尤甚。土人疏导作堰，以激碌碡，为利甚大。登龙祠，祠下泉出尤怒，日已暮，道人载酒于岸以俟，遂醉而归，仍宿于宫中。

上方山四记（一则）

（明）袁宗道

自欢喜台拾级而升，凡九折，尽三百余级，始登毗卢顶。顶上为寺一百二十，丹碧错落，嵌入岩际。庵寺皆精绝，莳花种竹，如江南人家别墅。时牡丹正开，院院红馥，沾薰游裙。寺僧争设供，山肴野菜，新摘便煮，芳香脆美。独不解饮茶，点黄芩芽代，气韵亦佳。夜宿喜庵方丈，共榻者王则之、黄昭素也。昭素鼻息如雷，予一夜不得眠。

湖心亭看雪

（明）张　岱

崇祯五年十二月，余住西湖。大雪三日，湖中人鸟声俱绝。是日，更定矣，余挐一小舟，拥毳衣炉火，独往湖心亭看雪。雾凇沆砀，天与云、与山、与水，上下一白。湖上影子，惟长堤一痕，湖心亭一点，与余舟一芥，舟中人两三粒而已。

到亭上，有两人铺毡对坐，一童子烧酒炉正沸。见余，大喜曰："湖中焉得更有此人！"拉余同饮。余强饮三大白而别。问其姓氏，是金陵人，客此。及下船，舟子喃喃曰："莫说相公痴，更有痴似相公者！"

小西门

（清）刘献廷

长沙小西门外，望两岸居人，虽竹篱茅屋，皆清雅淡远，绝无烟火气。远近舟楫，上者下者，饱张帆者，泊者，理楫者，大者小者，无不入画，天下绝佳处也。

雪　景

（清）刘献廷

余宿衡山云开堂时，夜半梦醒，闻雨声如注，风撼屋宇皆动。晓起，主僧来言，夜来峰顶大雪。亟出屋后仰望，自香炉峰以上，皆为雪覆，如银堆玉砌；香炉而下，依然翠霭千重。时风雨犹未止，想上封正在撒盐飞絮也。雪景之奇，于斯极矣。

消夏湾看荷花

（清）顾　禄

洞庭西山之址消夏湾，谓荷花最深处，夏末舒华，灿若锦绣。游人放棹纳凉，花香云影，皓月澄波，往往留梦湾中，越宿而归。

尺　牍

诚子书

（三国）诸葛亮

夫君子之行，静以修身，俭以养德。非淡泊无以明志，非宁静无以致远。夫学须静也，才须学也。非学无以广才，非志无以成学。淫慢则不能励精，险躁则不能治性。年与时驰，意与日去，遂成枯落，多不接世。悲守穷庐，将复何及！

采菊帖

（晋）王羲之

不审复何以永日？多少看未？九日当采菊不？至日欲共行也。但不知当晴不耳。伦等还，殊慰意。

奉橘帖

（晋）王羲之

奉橘三百枚，霜未降，未可多得。

遣力给子书

（晋）陶渊明

汝旦夕之费，自给为难，今遣此力，助汝薪水之劳。此亦人子也，可善遇之。

答谢中书书

（南朝）陶弘景

山川之美，古今共谈。高峰入云，清流见底。两岸石壁，五色交辉；青林翠竹，四时俱备。晓雾将歇，猿鸟乱鸣；夕日欲颓，沉鳞竞跃。实是欲界之仙都。自康乐以来，未复有能与其奇者。

诫当阳公大心书

（南朝）萧　纲

汝年时尚幼，所阙者学。可久可大，其唯学欤！所以孔丘言："吾尝终日不食，终夜不寝，以思，无益，不如学也。"若使墙面而立，沐猴而冠，吾所不取。立身之道，与文章异，立身先须谨重，文章且须放荡。

寒食帖

（唐）颜真卿

天气殊未佳，汝定成行否？寒食只数日间，得且住，为佳耳。

与苏丞相书

（宋）欧阳修

某启：晴色可佳，必遂出城之行。泥泞，窃惟劳顿。清明之约，幸率唐公见过。吃一碗不托尔。余无可以为礼也。专此。不宣。

与梅圣俞

（宋）欧阳修

某启：阴雨累旬，不审体气如何？北州人有致达头鱼者，素未尝闻其名，盖海鱼也。其味差可食，谨送少许，不足助盘飧，聊知异物尔。稍晴，便当书局奉见。

与章子厚

（宋）苏　轼

某启：仆居东坡，作陂种稻。有田五十亩，身耕妻蚕，聊以卒岁。昨日一牛病几死，牛医不识其状，而老妻识之，曰："此牛发豆斑疮也，法当以青蒿粥啖之。"用其言而效。勿谓仆谪居之后，一向便作村舍翁，老妻犹解接黑牡丹也。言此，发公千里一笑。

答毛泽民

（宋）苏　轼

某启：寄示奇茗，极精而丰，南来未始得也。亦时复有山僧逸民，可与同赏，此外但缄而藏之尔。佩荷厚德，永以为好。

与林天和

（宋）苏　轼

某启：近日辱书，伏承别后起居佳胜，甚慰驰仰。数夕月色清绝，恨不对酌，想亦顾影独饮而已。未即披奉，万万自重。不宣。

简张船山

（清）吴锡麒

园中荷花已大开矣。闹红堆里，不少游鱼之戏，惟叶多于花，浑不能辨其东西南北耳。倘能来，当雪藕丝，剥莲蓬，尽有越中女儿酒，可以供君一醉。

与何彦季

（明）陈　衎

雨花台细草，绵软如茵，坐卧其上，不见泥土，他山所无也。摄山往祖堂磴道幽甚。清凉寺前草坡平旷，极宜心目。弟于数处，皆时游憩。内养不足，正借风景淘汰耳。

与徐文卿

（明）莫是龙

春雨虽佳，恨断吾相知往还耳，不审斋头作何事也？旦夕不晴，当须一面。案上置何书，且愿闻之。

字付大儿

（清）金人瑞

字付大儿看：盐菜与黄豆同吃，大有胡桃滋味。此法一传，我无遗憾矣。

跋

　　有一天给学生讲"朝闻道夕死可矣"，我问学生对这句话有什么感受。一个孩子举手说，他觉得"道"是可怕的。仔细想想，孩子的话还真不算错。如果有一种"道"可以让人一旦明白后，连死都可以，那确实有点吓人。后来在网上读到一份资料说，"朝闻道"应理解为"早上实现了理想"，可是顺着那个孩子的思路想一想，依然觉得吓人。生命是最可宝贵的，无论是自己的还是别人的，活着总是第一要务。

　　所以，教小学生读古诗文，与其说是教学生，不如说是和学生共享学习的快乐。所教的那些诗文都是我自己选的，有些读过也教过，有些只是读过，不管如何，上课前我都要反复读，查阅资料，力求教得好些，让学生有所得。

　　小学生学习古诗文，读是根本。可是读多了，学生难免坐不住，听不进，于是只好想方设法吸引住他们。最好的办法就是让学生们觉得古诗文离自己并不远，甚至是可亲可近好玩的。我尝试用各种方法去教，小组合作竞猜文句意思，把古文排演成课本剧，让基础好的孩子当小老师，扩写、续写、改写古诗文等等。用得最多的还是边讲解边讨论。讨论诗文中被省略的内容，讨论如果自己是文中的主人公会怎么样，讨论作者为什么要这样写……当孩子们有了自由交流的平台，思想的火花就会频频迸发。而此时的我也得到了进步。

　　在与孩子们共成长的过程中，我越来越意识到，教他们读古诗文，最重要的是引导他们用现代意识、普世价值去读，使其日后成为现代公民。不然，收益会打折扣，甚至还会出现副作用。

编写这本小书，为的是与喜欢古诗文教学的同行分享我的教学体会，也为打算尝试古诗文教学的同行提供一些入门资料。

　　最后，合十鞠躬，谢谢读者。如有错漏，敬请斧正。

朱　煜

2018 年 2 月 2 日